# 公司革命

## ——居安思危 居危思变

[日]三富正博 著
(Mitomi Masahiro)
赵 奇 译
李 克 审校

北京理工大学出版社
BEIJING INSTITUTE OF TECHNOLOGY PRESS

图书在版编目（CIP）数据

公司革命：居安思危　居危思变 /（日）三富正博著；赵奇译. —北京：北京理工大学出版社，2012.2

ISBN 978-7-5640-5337-6

Ⅰ. ①公… Ⅱ. ①三… ②赵… Ⅲ. ①企业管理—经验—日本 Ⅳ. ①F279.313.3

中国版本图书馆CIP数据核字（2011）第249707号



出版发行 / 北京理工大学出版社
社　　址 / 北京市海淀区中关村南大街 5 号
邮　　编 / 100081
电　　话 /（010）68914775（办公室）68944990（批销中心）68911084（读者服务部）
网　　址 / http：//www.bitpress.com.cn
经　　销 / 全国各地新华书店
排　　版 / 博士德
印　　刷 / 北京力扬印刷有限公司
开　　本 / 670 毫米 ×960 毫米　1/16
印　　张 / 14.25
字　　数 / 260 千字
版　　次 / 2012 年 2 月第 1 版　2012 年 2 月第 1 次印刷　责任校对 / 陈玉梅
定　　价 / 39.00 元　责任印制 / 边心超

图书出现印装质量问题，本社负责调换

# 丛书前言

为了全面、系统地反映当代日本经济与管理模式的全貌及其进程，总结和探索现代经济学与管理学已有的和潜在的研究成果，展示现代经济学与管理学的发展方向，在日中管理学院（JCMS）的大力支持下，我们呈现给读者这套“日中管理学院经济管理丛书”。

该套丛书是大型的、高层次的、综合性的经济学与管理学的知识丛书，包含了关于日本当代经济与管理模式的译库和研究文库两个子系列。在丛书的领域上，我们将不仅着眼于经济学与管理学的前沿研究成果，更注重于那些将最新研究成果在现实中已经实现成功运用的案例贯穿于书籍；在选题的采纳上，我们将广泛推介日本的著名经济学家和管理学专家，以及一些旅居日本的知名华人学者的作品，努力发掘和奉献给大家一批学术功力深厚、思想深刻新颖、写作规范、已得到当代国际学术界认同的著作。

通过该套丛书，我们将继续致力于推动中国经济和管理的国际化、现代化与标准化。期待着本套丛书的出版有助于国内企业家、政府官员、学者以及对经济和管理知识感兴趣的读者们，在一个不太长的时期里，从研究内容、研究方法、研究工具等方面逐步熟悉和实现从中国化向国际化、现代化和标准化的转变。我们期待着广大读者对我们的追求的支持，也虚心地等待着大家对该套丛书的批评和指正。

作为旅居海外的华人学者的代表，我们期盼着我们的工作能为祖国的繁荣富强贡献菲薄之力，祝愿祖国明天会更美好！

丛书主编　李克

2011年5月于日本东京

# 前言

现在世界上哪个国家最富有激情?

你考虑过这个问题吗?中国、印度、巴西等许多国家可能会在你的头脑中闪过。

这个问题我在十年前的2000年曾想过，最后得出的结论是现在“世界上最有激情的国家是日本”。

“什么?这也太离谱了!”你很有可能会这么想。或者，“你这是寻求慰藉才这么想的”，此种想法也会有的。

但是，我是认真的，现在世界上最有激情的国家非日本莫属。

那么这里还有一个问题，即世界上哪个国家最悲观?各种调查结果显示这个国家又是日本。

我于1991年至2000年的九年间在美国工作，在这期间我在海外一直关注着日本，我发现从海外看日本越看越觉得“这是个有着可能性的国家”。这种想法最终变为“确信”，于是我回到了日本。

从那开始的十年时间里，我同朋友经营着一家新起步的小企业，我们始终追求的是“创造价值”。这十年，工厂、制造业、服务业甚至大学等为数众多的企业或组织都发生了变革，它们当中既有小型企业也有员工过万的跨国公司。

本书介绍的是一家生产大型产品的，就连它的母公司都已对它失去希望的身处绝境的企业。我们最初接触的时候，那是一家相当悲观甚至可以作为世界第一悲观国家日本的象征的公司。然而，通过接触我发现，他们在最悲观的时候仍看到了自己的“可能性”的苗头，并开始用自己的大脑思考，用自己的腿脚来走路了。结果怎样呢？他们最终转变为全球同行业利润率最高的公司，本书记载的就是这个过程。

对于本书的出版，比谁都高兴的是那些同公司变革有关的经营者及普通员工。当初同他们接触时，公司能够转变为现在这个样子，他们是做梦都没有想到的。同时他们也希望有同样苦恼的其他公司人员也能够坚信“可能性”的存在并迈出创造激情公司的一步。

沉浸在悲观主义气氛中的日本目前最需要的是每个人都应具有的乐观主义态度，对于这点我要说“失败是成功之母”。并不是因为好才干，而是因为愿意才干。这样即使失败也无怨无悔。要直面“愿意干”，及“应该干”这些问题。为什么呢？因为这样的组合所产生的结果使那种令人兴奋的“可能性”增加了。

还有，书中所举的事例和事实有些不同，我根据公司的希望改变了行业种类，但也是制造业。同时本书的着眼点是价值创造，并从开始贯彻始终。本书对价值创造进行探讨的同时，也对这家公司的生产现状及生产成本计划方面不断的改善活动进行了记述。

三富正博

2010年9月

# 目录

**序章　公司为什么不能改变 / 1**

再　会 / 3

创造企业价值的“五种资产” / 6

看不见的资产之一——组织资产 / 8

看不见的资产之二——人的资产 / 9

看不见的资产之三——客户资产 / 10

价值三角形 / 12

**第一章　被抛弃的公司 / 17**

初　遇 / 19

“割舍”——迫在眉睫的分公司制 / 21

蕴藏着的可能性 / 23

亚瑟・安达信 / 26

获得成就的公司的思考方式和习惯 / 31

日本这个国家的可能性 / 34

回国进入最糟糕的新创企业 / 37
发动价值创造 / 40
“这企业即使倒闭也毫无办法” / 43
现金流即使为零企业也不会倒闭 / 46
员工的激情缔造企业 / 51

**第二章 think straight, talk straight——正视现实 / 53**
无效、沉闷的会议 / 55
倾听，倾听再倾听 / 58
我们给对方留下了最糟糕的第一印象 / 60
“经营不善的企业都有相似之处” / 63
首先，要知道什么是“出成果的思考方式和习惯” / 66
将“优良企业”同自己的企业进行比较 / 68
揭公司的“短儿” / 71
揭公司“短儿”的正确方法 / 74
事实发现 / 76
应培育的思考方式和习惯，应摒弃的思考方式和习惯 / 79
信息全部公开 / 82
think straight, talk straight / 84
最大的问题是“上意下达” / 86
1.忽视客户的存在 / 87
2.员工同事间的信赖关系日渐淡薄 / 88
3.推卸责任的感觉在蔓延 / 88
4.管理层的意思得不到传播 / 89
5.改革没有持续 / 90
夺回“激情” / 92

找出赤字的原因 / 94
不良经营导致不出成果 / 96
通向改革的四种手段 / 98
企业文化可以改变 / 101

## 第三章 只有激情澎湃的企业才能得以生存 /105

组织机构改革是渐进式的 / 107
理念和行动准则在现场形成 / 110
“目标”很小，很小…… / 113
“从赞扬开始” / 115
习惯的改变如肌肉锻炼 / 118
动摇及反复是必然发生的 / 120
企业文化向加点主义转变 / 123
部门之间的人员可以谈论工作之外的话题 / 125
13%的变化将导致全局的变化 / 127
剑拔弩张的会议 / 129
不是什么时候而是今天就来实现 / 132
文化之后开始战略议题 / 134
公司真正的优势是什么 / 137
“当然的事就要当然去实行” / 141
两年间的变化及课题 / 143
真正激情澎湃的家伙们就在公司里 / 146
来自年轻人的不拘形式的压力 / 149
一个新的危机 / 153
新任总经理的决心和改革的继续 / 155
于是，出现了光明 / 157

## 第四章　企业的价值是谁创造的 /159

你的企业是良性循环吗 /161
以五种资产来重新判读企业 /164
抛弃旧的思考方式 /166
所有人都有激情吗 /169
企业的价值由“文化”决定 /171
创造企业价值的人以及破坏企业价值的人 /174
所以造成优秀人才流失 /177
成为创造企业文化潜在之人的类型 /179
无视客户的公司为数众多 /181
放眼老客户之外的客户 /184
因为喜欢所以持续 /187
激情造就世界第一 /191
作出决定之后立即实施 /193
企业价值的严重误解 /196

## 终章　造就未来的方法 /201

2009年11月13日 /203
“未来日记”的建议 /206
充分利用企业资源 /210
工作是不会失败的游戏 /213
相信个人的力量 /216

# 序章　公司为什么不能改变

## 再　会

2008年11月4日，我在某上市公司的董事室等待会晤销售规模超过5000亿日元的集团公司的副总经理，我们已经有三年左右没见面了。

这间办公室位于东京车站附近的某大厦的上层，放眼望去，驶进驶出的新干线以及山手线列车尽收眼底。收回目光，四下看了看，不愧是具有百年以上历史的大公司，房间里摆的是考究、有气派的皮沙发，其他的摆设品也都很有格调。

在我环顾室内的时候，门开处副总经理进来了。这位先生负责全公司的经营及规模最大的事业部工作，他的西装做工讲究，令人一眼就能看出他的精明强干。

“好久不见了！”

寒暄过后，我将和我一起来的我的新合作伙伴向副总经理作了介绍，这是我们今天造访的主要目的。但是，话题却自然而然地转到六年前的一天。

我们从那时候起就很关注这个副总，因为他成了一个垂死挣扎的公司的经营主管。他不仅主管经营方面的改革，而且要改变那个身处绝境公司的命运。

当时公司中弥漫着灰心丧气的空气，仿佛末日即将来临，然而从那时起仅用了六年时间，公司就从濒临绝境一跃成为利润率世界第一，这简直可以称之为飞跃。想起来就令人热血沸腾。

此时此刻，我能感觉到谈话中的副总的思绪也回到了过去。他既精明强干，也是一位善解人意又很风趣的人。

同行的那位合作伙伴，当然不知道我和副总之间的关系，而且，对于我们的“价值创造公司”，他只是从字面上理解为“创造个人或企业价值的公司”，但对公司具体怎么运营以及能够做什么都不了解。

为什么这么大企业的副总和我这样底下只有十个员工，小得几乎微不足道的公司老板能像战友似的谈笑风生呢？副总朝我那个表情纳闷的新伙伴笑道：

“我同‘价值创造公司’的同仁们的缘分要追溯到六年前我在钢铁部门任职的时候，当时公司受制于中国、韩国等国的廉价钢板，完全陷入困境，公司能否生存都成问题。

“但是，就是这样的公司现在竟脱胎换骨成为同行业利润率世界第一的公司，并为集团公司的整体作出了巨大的利润贡献，很大程度上是因为‘价值创造公司’的存在。”

副总这最后一句话，惊得和我一起来的新合作伙伴差点从沙发上跳起来，不过这也怪我，我根本没同他说过这些……

以下的故事就是那六年的记录。

一直经营不善却产业规模庞大的企业仅用了五到六年时间就转变为利润率世界第一，从创业百年的一流大企业集团中的“败下阵来的犬”，转变为创造集团大半利润的“会生金蛋的鸡”。

尽管听起来有些不可思议，但这都是真实的事实。

但是，关于企业改革，这个公司从来没有设立过诸如创造“同行业中达到世界利润率第一”的具体目标，也从来没有提出过“这么做就可以成为世界第一”的建议。坦率地说，最初我们的所谓“价值创造”就是将“创造企业价值”作为目标而并不关心短期的一次性的利益。

从那以后正如所述的那样，该公司的上上下下正视严酷的现实，发现并培育自己所拥有的潜在的“可能性”的幼苗（看不见的价值），进而一步步地形成良性循环。我们只是起了帮手的作用。结果是，利润率世界第一的公司横空出世。

今后该公司也没有把提升公司的利润率成为世界第一设为目标，尽管世界第一的营业利润率在继续被创造出来。

这是为什么呢？因为“结果会是这样”这点，他们是知道的。

## 创造企业价值的“五种资产”

目前，考虑企业改革的时候，经常从“钱”的问题入手，之所以这么说，是因为太多的企业向我们咨询时经常提出这个问题。“现金流经营”，这样的关键词也经常可以听到。不言而喻，做企业评价时，短期现金流是被作为重要指标的，以它的最大化为目标是经营的手段。因而，财务报表作为企业真实面目的反映，其重要性是显而易见的。

然而，企业真正的价值，不是由这些东西所决定的。我作为注册会计师曾战斗在美国企业会计部门的最前线，在数字堆摸爬滚打，回国后，又经历了众多机构变革的洗礼，所以可以做出这个断言。

我们“价值创造公司”认为，企业价值是由五种资产构成的

（见图表1）。“五种资产”即财务报表所体现的“物质资产”“金融资产”，财务报表所没有体现的“组织资产”“人的资产”和“客户资产”。这“五种资产”就像波浪翻滚那样循环、膨大，最终创造出公司的价值和成果。

财务报表所载资产包括现金、存款、赊款、库存、土地、房屋等，这些都是会计方面的资产。非会计资产则不会在财务报表上体现。但是财务报表上没有记载的东西就不存在了吗？只有财务报表上记载的东西才能构成和推动企业价值，并进而产生利益吗？

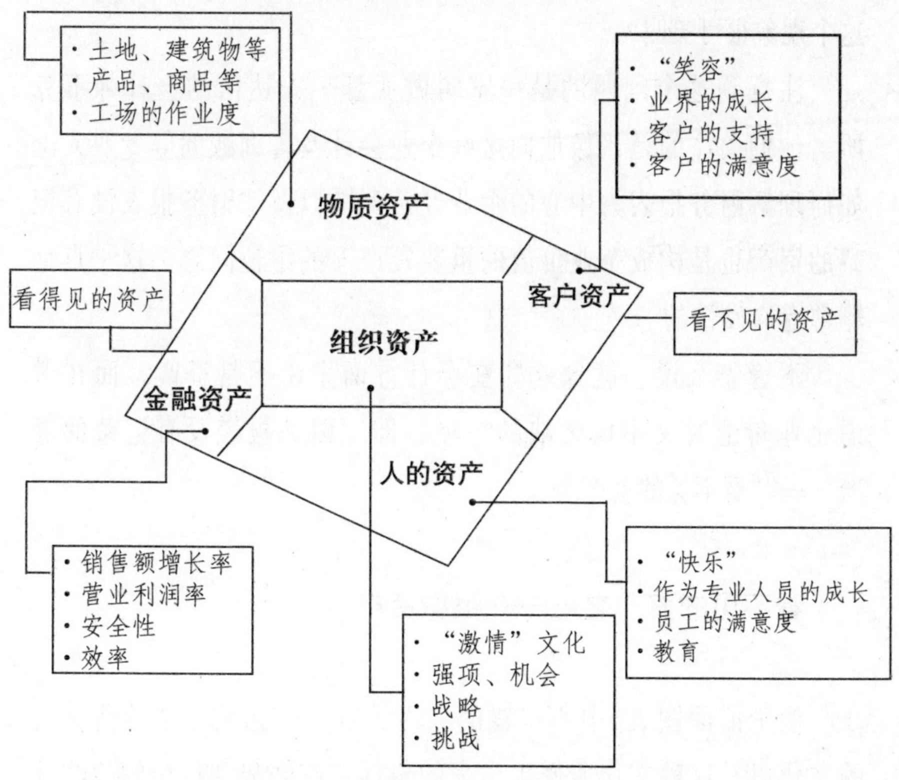


图表1　创造企业价值的“五种资产”

比如，包括“计时工”和“派遣社员”的公司职员，对于一个公司来说，如果没有同经营者一起干活的他们，企业价值的创造就无从谈起。这么说的意义就在于，员工对于公司来说是非常重要的资产。

进而，财务报表上是如何体现的呢？员工不是作为资产而是费用，员工的工资在损益表上被列成了费用。员工的价值如果用工资来反映的话，财务报表上企业的资产就不是增加了，而是费用增加，资产减少，这在会计上来说可能是不存在问题的，但你不觉得这个现象很可笑吗?

注意到这个问题的是一家叫做亚瑟·安达信的会计师事务所。他们关注的是，像他们这些企业会计及咨询顾问等专业人士如何理解财务报表为中心的企业经营范围以及“财务报表没有记载的资产也是构成企业价值的重要资产”的定位问题。这一点是非常有启发性的。

不管怎么说，就像这些在会计方面来说不是资产，而在考虑企业价值时又不可欠缺的一项，即“财务报表没有记载的资产”＝“看不见的资产”。

### 看不见的资产之一——组织资产

位于前面图表1中心位置的“组织资产”指的是企业所共有的文化以及这种文化所派生出来的包括带有强势和机会的战略等

“组织整体的力量（能量）”。每种企业都有各种各样的特点，每个企业都有自己的特色和强项，把这些特色和强项进一步加以发挥，组织资产就增加了，反之，如果失去了强项和特色，组织资产就减少了。

组织资产在“五种资产”的框架中，处于与其他资产循环时所形成的漩涡中最深的部位，是推动其他资产循环的力量源泉，在充满这种力量的组织中工作的人们都会激情澎湃的。

所以，组织资产的关键词就是人们将一切热情倾泻之时所感觉的——激情。

## 看不见的资产之二——人的资产

“人的资产”的着眼点是企业员工是如何生机勃勃地工作，进而成长为职业人才的。**工作的员工在增加，每个人愉快地工作，通过各种各样的挑战及改善在不断地成长，这样，人的资产就增加了。反之，员工们对工作厌倦，没有任何挑战和改善，成长停滞，那么，人的资产自然就减少了。**

人的资产的关键词是“生机勃勃”，指的是员工们是否在生机勃勃地工作。

## 看不见的资产之三——客户资产

“看不见的资产”的最后一项是“客户资产”。“客户资产”是以购买这家企业的产品和服务的现有的和将来的客户，以及他们对这些产品和服务的支持度为视角的。如果客户对企业的产品和服务大力支持的话，产品和服务销售量一旦增加，客户资产就增加了。反之就会减少。

“客户资产”的关键词是：笑容，指的是客户支持企业的产品和服务时所表现出的笑容。

这样，根据财务报表没有记载的资产（三种看不见的资产）以及财务报表记载的“物质资产”和“金融资产”这五种资产来判断企业价值的新的思考方式就形成了。

经营情况向好的方向发展的企业价值就高，这叫“良性循环”，反之就叫“恶性循环”。根据“五种资产”也可以判断这两种“循环”，我们称其为“创造价值的过程”。在说“创造价值的过程”时，不是将“看得见的资产”和“看不见的资产”区分看，而是根据企业经营过程将物质资产和客户换位进行思考。

也就是说，我们的眼睛要集中观察“组织资产”→“人的资产”→“物质资产”→“客户资产”→“金融资产”→“组织资产”的循环是有效地进行着，还是没有在循环。

简言之，激情澎湃的企业文化和战略萌生出巨大的力量（组织资产）让其员工们生机勃勃（人的资产），这样的员工们提供的产品和服务（物质资产）令客户笑逐颜开（客户资产）。如此顺畅的循环反复令企业财源滚滚（金融资产），即激情→生机勃勃→笑逐颜开。这些看不见的资产的循环令企业获得看得见的资产（金钱）。这种循环越强有力，转动的范围就越大，对社会的贡献也就可以想见了。

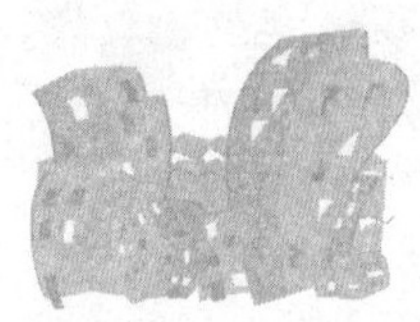

# 价值三角形

还有一个重要的会影响企业的文化因素，它是战略成果以及日常行动形成惯例的东西，即“价值三角形”。

图表2是我们在给出经营建议时作的说明。从上到下的顺序是“日常的行动和日常的意识决定”“成果”“战略”“文化（激情）”。

例如“开会”“应对客户的要求”“查看机器的状态”“给来客上茶”“准时赴约”“网上发出信件”等业务项目，都是平常不经意中积聚而成的，这些日常行动都是由日常意识决定支配的。不管是上级的命令，还是自己的意识，日常的行动如果没有日常的意识决定是不能实行的。而且日常的意识决定是根据规则形成的，“打电话”也好，“开会”也好，这些都是公司根据公司制定的规则（如工作守则）而定的。

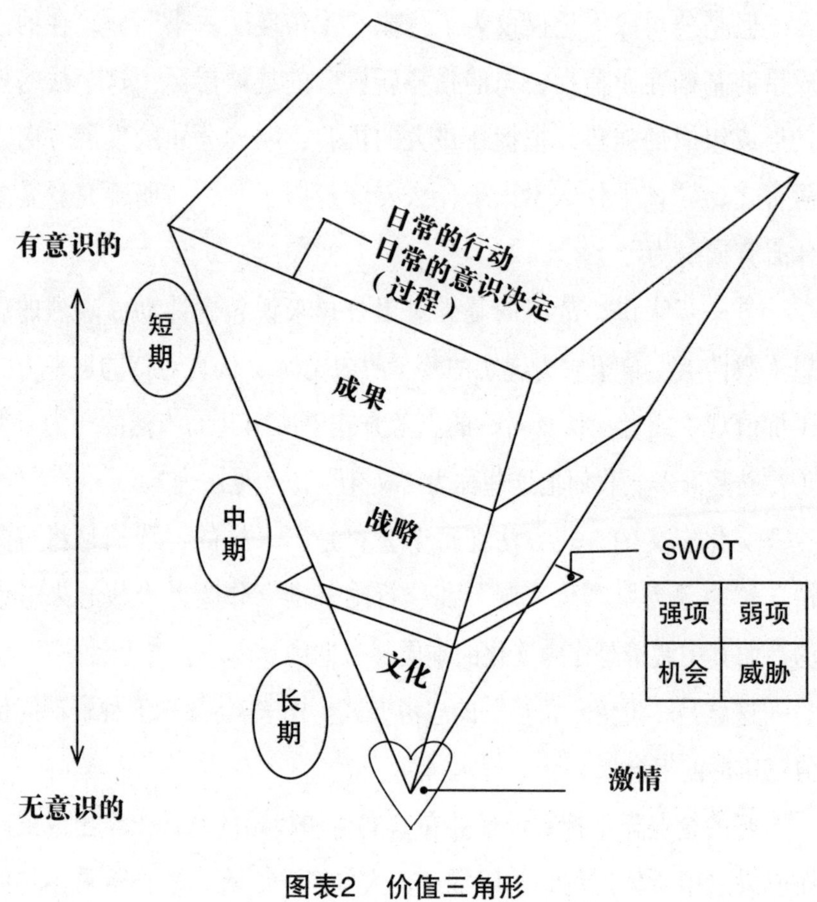


图表2　价值三角形

依据日常的意识决定，每天的活动日积月累，以一年的时间周期而获得的即是“（年度）成果”。例如，作为挑战而开发的新的业务的进展情况（组织资产）、员工满意度（人的资产）、工厂机械的运转情况（物质资产）、客户满意度（客户资产）、销售额、营业利润（金融资产）等都适用于这个范围。

但是公司并不是仅仅为了达成“（年度）成果”而存在的。成果的基础在于捕捉公司的强势新机会的战略层面。这个战略就是形成组织的强势，把握住最大的机会，明确公司的发展方向，简言之，“该干什么不该干什么要清楚明了”，“明确究竟是朝什么方向努力”。

进一步来讲，战略的基础对于公司来说包含冲动、热烈的思想（激情）、希望成为现实的梦（想象力）、认真对待的思考方式（价值观）或者从认真对待的思考方式中所引起的当然的行为习惯（行动基准）。我们把这些称为“文化”。（见图表2）

文化定义的方式方法在每个公司是不一样的，我们是将“激情”“想象力”“价值观”和“行动基准”作为四个核心来考虑的，而其中激情是作为文化的本质来考虑的。

这就是“价值三角形”的思考方式。图表3将显示五种资产同价值三角形的组合。

**好的企业无不拥有激情并在其文化和战略的基础上结出成果。**而成果之中所体现的是组织资产、人的资产、客户资产等看不见的资产和金融资产等相结合的状态。“五种资产”和“价值三角形”并非彼此孤立存在，而是结合为一体来创造企业的价值。

**企业处于良性循环之时，激情作为漩涡的中心，在旋转的过程中将各要素结为一体，其结果就使企业构成一个整体。**最初弱小漩涡徐徐膨大，其成长过程同企业的成长过程是相同的。

我们通常是根据日常所见的诸多企业的业务情况、意识决定以及员工的行动来判断企业的好坏，但是，这样往往对企业的本质形成误判。一个又一个的日常行动究竟是怎么形成的？这样的视点才是重要的。（见图表3）

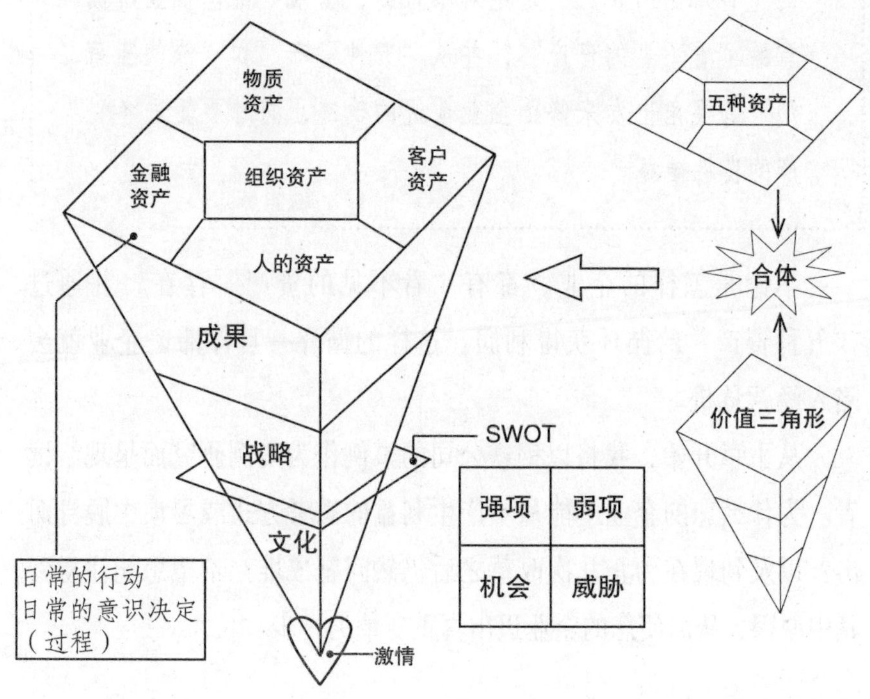


**图表3　企业由“五种资产”和“价值三角形”形成**

很多人对日常的行动通常都是漫不经心的，根本不考虑什么战略文化。但是其中还是有人将自己的激情、憧憬埋在心中，身怀“出成绩的思考方式”。这些人习惯了挑战和改革，善于抓住其中的机会，在实践中获得成绩，在这样的良性循环中规范日常行动。取得成绩的企业必然存在那些从激情开始到日常行动贯彻始终的人们。

希望自己的企业改变的话，仅仅追求财务报表上记载的“看得见的资产”是绝对不行的，必须要重视企业所拥有的“看不见的资产”，并从“五种资产”和“价值三角形”的视角出发来修正企业前进的轨迹，同时要促进各资产的良性循环。

不论是怎样的企业，都有“看不见的资产”存在，并通过“五种资产”的循环获得利润。这样的循环一旦停滞，企业就会陷入经营危机。

从下章开始，我将以钢铁公司的事例作为案例研究而呈现给读者。为什么您的企业不能从不产生利益的思考方式或习惯中脱身而出？以及到现在为止几次改革之后仍然问题成堆？希望您能注意到其中原因，从而使您的企业迈出真正变革的一步。

# 第一章　被抛弃的公司

## 初 遇

“日本的钢铁业还能存在下去吗？”

2002年6月我在V公司的钢铁部门的工场访问时的第一印象是非常消极的。

前面说过，V公司是一家拥有百年以上历史，销售额超过5000亿日元的企业。战后一段时间中，该企业还曾进入过学生就职热门企业的排行榜。

但是作为产业规模庞大的公司，近年来也不例外地身受业绩恶化之苦，特别是钢铁部门更是赤字累累，陷入苦境。

日本钢铁业的极端繁荣景象出现在1950–1970年代初经济高速成长期，知道那时情况的员工已经很少了。最近中国、韩国正在迎头赶上，特别是廉价钢板在市场上的出现，价格的竞争日趋白热化，大量过剩设备的存在，让高成本的日本公司很难胜券在握。业界各公司都陷入无计可施的境地，有关的新闻报道也少，我们当中不少人也认为钢铁工业已经属于夕阳产业。

在实际走访的钢铁部门中根本感觉不到一点朝气。这个行业进入到了典型的衰退期，创业初期及成长期所具有的活力一点都看不到。这种情况是可以想见的。当时，20世纪50年代后期的员工入职进入公司直到1970年前后，那时，日本的钢铁工业是具有吸引力的。那以后下一代的员工大部分都不具备在世界范围内同对手竞争并取胜的经验。此外员工的数量也在减少，从最初的5000人到4000人再到3000人不断递减，到我去造访时甚至减少到了500人。工厂被清理、整合，过去的十年没进一个员工。十年前入职的员工到了三十岁仍在最底层。情况就是这样在持续着，谁都对将来不抱梦想与希望。所有场面都显现出一种忍受煎熬的感觉。

## “割舍”——迫在眉睫的分公司制

不仅是这些。10个月后的2003年4月1日，把这个钢铁部门从集团分离出而成为钢铁公司的决定出台。那以后，它将实行独立核算制，不能再指望来自集团的资金援助，只有自食其力，自己养活自己了。到此时为止，该钢铁部门一直处于总公司的保护伞下，即使出现赤字，也是由总公司来填补，这就使得钢铁部门的员工们仍然抱有依赖总公司的期望。然而，就公司所处的环境来看，这样的好事不会再有了。

分公司化以后，如果赤字情况继续存在的话，毫无疑问公司将会出现生存危机。最严重的就是倒闭或者被收购……各种各样严重的事态在脑海中闪现。

钢铁部门尽管保持着不到1000亿日元的销售额，大幅的赤字仍然存在。在先前的预期未实现的情况下，只有争取扭亏为盈的不切实际的计划存在。实际上，扭亏为盈的事谁都没想过。

在这样的情况下，我们最初会见的是分公司制实行后就任的总经理事业本部部长和管理部部长。而这个事业本部部长就是在前面登场的那位副总经理。他们是只持有单程票从总公司送进这个钢铁部门的。他们两人如果也束手无策的话，这个公司将维持不了多久，这点他们比谁都明白。

“我们是最后接手的人，在这里再失败的话，就没有退路了。”一种近乎悲壮的情绪弥漫在大家心头。

同时尽管实行了分公司制，总公司本部那边，对于已经独立经营的钢铁公司能否获得成功也是半信半疑。不，恐怕他们根本就没想过情况能向好的方向发展。

只要做好就能获利的所谓分公司制，听起来不错，实际上是对整体的一种修复，是被裁掉了。也就是说，他们被总公司完全抛弃了。**为了生存，除了求变，别无他法**。但是变什么？怎么变？谁也不知道。

他们就是陷入困境的日本公司的缩影。

## 蕴藏着的可能性

同抱有非常消极印象的两位部长会面的我们，有着对各种各样企业改革情况的经验积累，而这家公司给我们的第一印象同其他企业是有些许区别的。

“说不定这家公司能干出点什么呢？”

这样想并没有任何诸如数据等根据，只是有一种预感。另外，通过同二位部长的谈话，我们发现二人都是非常认真的人，而且那些在现场工作中的中层干部或年轻人也是同样。这里说的认真，实际上指的是说了就干，能够听人说话，超越上下级的关系，能够平等相处等通过对话可以感觉得到的东西，尽管都是些非常细微的东西，但有这种感觉是很重要的。

这里所说的所谓经营不善的企业，可以被划分为两大类。其中一类公司，经营者及劳动者意志消沉沮丧。就是指那些受到旧的思想方式或习惯的束缚而无法脱身的公司。这样的公司外人根本无法使它发生变化。

另一类公司，虽然经营状况严峻，但经营者及劳动意志没有陷入消沉沮丧的境地。

经营改革说起来让人可能感觉到是一个非常难的话题，然而，公司这个东西是一个自己及他人结合的，有可能创造出价值的有机的集合体。**经营者及职工只要意志不消沉，不沮丧，思考方式和习惯的改变就成为可能**。进而就更有可能缔造创造价值的组织。毫不犹豫地抛弃过去，根据市场的变化来改变自己——重要的是有否这样的意识。

那时所有存在的问题的关键是，经营不善的企业对变化持恐惧的态度。知道不变不行，但却自信心缺失，仍旧抓着毫无成绩的过去不放。这样的话，即使是那些经营者及职场氛围并不消沉，沮丧的企业也会同那些消沉、沮丧的企业一样获得最糟糕的结果。

我们这些人存在的意义恰好就属于这部分。

牵着马去饮水能够做到，但让马喝水却做不到。事情正是如此。也就是说，水（组织）是必要的，我们把马儿引到那里，它们就会自己去喝水（发生变化）。它们只是因为知道水在哪里。

因此我们最重要的工作就是使组织的每个人切身地感觉到“有可能发生变化”“有这种可能性”的哪怕一点点的苗头，不是用过去的延伸来描绘未来，而是从自己相信的梦想为准则开始考虑现在应该做什么。

## 亚瑟·安达信

在对这个钢铁公司的改革做详细介绍前，我也想将我自己的事情稍微写上一点。

我最开始是在美国有名的会计师事务所亚瑟·安达信（以下简称安达信）从事审计及咨询的工作。遗憾的是，这家事务所现在已经不存在了。

不知读者们还记不记得2001年发生的安伦事件，安伦是美国德州的一家从事综合能源生意的工厂企业，拥有员工2.1万人，是美国著名的大企业之一。2001年10月，由于某杂志报道该公司存在不正当的会计丑闻之后，股价急落。通过美国证券监管部门的调查，不断有不正当会计方面的事态被揭露。其结果，同年12月2日，安伦根据美国联邦破产法第十一条的规定申请破产。实际上那时对安伦进行会计监察的正是安达信。

安达信当时是世界五大会计事务所之一，拥有世界范围内10万名会计师、税务师以及咨询师，是一支规模巨大的团队，然而，由于安伦事件中不正当会计丑闻被揭露的影响，2002年被迫解散。

由于解散时我已经离开那里，所以关于安达信受安伦事件影响以及解散等事件的详细经过，我也只是道听途说而已，所以有关这件事的话题就到此为止了。

但是，对于我来说，大学毕业后，13年间在安达信学到的东西，绝对是我现在的思考方式，以及我所作的经营建议的基础。

我于1987年进入安达信东京事务所。那时的安达信在日本还没有什么名气。当我告诉父母我将要进入安达信工作时，他们露出不可思议的神态说："知道你一直是在学习会计，可为什么又要去面包房工作？"

我当时只是想，怎么面包房都出来了？但并没在意。后来才明白父母说的不是我说的会计事务所的"Andersen"而是面包房"Andersen"。现在说起来不过是个笑话而已。

之所以选择安达信是因为我在通过第二次会计师考试并开始找工作的时候，对于会计师事务所的招聘一直就是问以下的两个问题。

我对所遇到的人都会问："进哪个会计师事务所好呢？""哪个会计师事务所不能进？"结果，所有人都说自己所在的事务所好，而不能去的事务所里就有安达信，而且，还强调说安达信是绝对不能去的。

那么，为什么呢？

因为据说安达信在同行业中工作是最严格的。

“那个事务所的工作不但不轻松，而且相当严格，所以绝对不要去。”

就这样，几个人都给予了我“忠告”。

不过，我早就对社会的严酷有所准备，在走向社会之前一直遵从家长的旨意学习会计师课程并将其当作自己未尽的责任。我是这样想的：“最严格的会计事务所不是正好能使自己得到锻炼，通过锻炼而尽早成才吗？”

就这样，我选择了安达信。

“因为进入最严格的事务所，如果干得不好被辞掉可就糟了。”

> 横下一条心，正视现实，严肃认真地做好自己的工作，工作上的困难是可以克服的。

“也许干不好，可是即使干不好也不是什么坏事，先把能做的做好，全力以赴，试着干吧”，就是这种感觉。

所有的工作着的人们肯定有类似的体验。

正好那个时候赴美研修的机会降临。

尽管英语掌握得还不怎么样，但是我有到国外去看一看的强烈愿望，所以就自告奋勇申请了。

“美国的安达信可比日本的严得多。”我去旧金山事务所时，东京事务所的总管给了我这个“忠告”。但是我却对去美国一事满心欢喜，至于“严格”一类的话语我是充耳不闻。

就这样，我有生以来第一次越洋跨海奔赴旧金山。在1991年9月，也是日本“泡沫经济”破裂之年。

当初预计一年，结果却在旧金山一待三年。之后，我由西雅图事务所转到亚特兰大事务所。

西雅图事务所的美国总管所说的话，我至今未忘。

“亚特兰大事务所是全美最严格的事务所。你选择了那里是你的自由，但因为那是一个真正优秀的团队，你要做好精神准备。”

这话听起来似乎是多余的，但其本意我认为是注意不要被解雇了。

在你遇到新的挑战的时候，经常会听到诸如“不容乐观，要有精神准备”的忠告。

但是，那时的我已经明白了。**即使客观上的情况严峻，也要正视这个现实，朝着自己的目标充满激情地迈出每一步，慢而稳健地向前走，做好眼前的每一件事，这样的话，道路就会越走越开阔。在未来将会有充满激情的体验和巨大的成果等待你，你将得到成长。**

我对于自己在事业道路上的一些关键时刻听到的告诫，给出的答案向来是：“失败是成功之母。”

这差不多已成了我的人生哲学。

说点离题的话，那一阵子看到法国哲学家阿兰的话：**“悲观主**

**义源于气氛，乐观主义源于意志。听其自然的人们都是闷闷不乐，愁眉不展的。”**

“确实如此，乐观主义=意志。”我记得当时自己深有同感。

## 获得成就的公司的思考方式和习惯

真正置身于亚特兰大事务所，所见所闻告诉我，该所不愧为全美最严格的职场。业务内容及人员的水准都很高，行动能力、决断力的速度也绝对有别于他所。不过他们的行事方法也没什么特殊之处，同其他的会计事务所或安达信旗下的其他会计事务所相比，处理业务方法基本相同。

说起来就如同加入到参加美国联盟业界系列赛的队伍那样，即便是同样的专业队，每年地区联赛的败队和常胜队投球、击球、跑垒的水准是有显著区别的。以一年的时间段来看，击打率、本垒打数、防御率、守备率等也是完全不一样的。

亚特兰大事务所也是如此，业务就是那些业务，但是员工的水准之高，工作的速度、质量以及完成之圆满等从结果看存在着明显的差别。

事实上，亚特兰大先放在一边，从安达信的30%的市场占有率以及成长性、收益性的角度来看，其他的会计师事务所对它是望尘莫及的。

刚到亚特兰大事务所赴任时，有这么一件事。

我在家里时直属上司杰夫经常打我的手机。听着自己的丈夫用英语激烈地谈话，妻子面露吃惊之色。

电话挂断后，妻子马上担心地问："为什么像吵架一样，没事吧？""没事，是杰夫。"我说着脸色随之马上恢复常态。"杰夫可是你的上司啊。同上司这样说话，不怕把你辞掉？"

然而，对于我来说，只是认真地议论而已，妻子的担心是多余的。**因为彼此信赖，所以即使互相争论，也不会影响彼此的关系**。在日本有些人总是认为争论是在打架或者相互交恶。其实，这样的人作为职业人士属于水准低下的。

在美国，争论就像垒球赛中接球一样的正常。如果是一个优秀的球员，他不会认为球速快是危险的，而是觉得更爽快。

**相互间就该坦率地相互交换意见，如有相左之处，那么就再议论，在这种循环往复之间，一方或双方认可获满意的瞬间就会出现。冥思苦想，百思不得其解的好点子也会萌生出来**。至此，议论画上句号，即可付诸实施。

在实际工作中，如果有这样的经验，那么对于意见相左的情况就根本不会在意。相反，议论的过程就成了愉快的过程，其中隐藏着很好的想法的可能性。

毫无疑问，正是因为相互间存在着“信赖”才有可能，亚特兰大事务所对于我来说，是可以进行那样议论的场所。

> 如果上司及同事间深厚的信赖关系以及有刺激性的议论能够保持常态，就会有工作中的“将心比心，以心传心”。

说起来可能令人不相信，即使不进行语言交流，人种、宗教、语言、国籍等不相同的同事或者对方在想什么互相都知道。英语很烂的我在安达信竟如鱼得水般地愉快工作着，这一切都是因为同那些优秀同僚们之间将心比心、以心传心的关系造成的。

我很喜欢在安达信的工作，并在不知不觉中从吸收安达信的文化开始到体现安达信的文化为止。

现在，通过反复观察，那里确实存在优秀组织的思考方法和习惯。因为在那以后，我见过的各种各样的企业、各行各业都一样，大凡优秀的企业或多或少都是具备安达信那样的企业文化，但安达信的企业文化具有更加强烈的色彩。

关于个中理由，第二章中还要提及。

## 日本这个国家的可能性

在安达信亚特兰大事务所的每一天都充满了刺激，有一次，我突然有了这样的想法："将心比心不就是日本的美德吗？安达信亚特兰大事务所实际上不就是富于日本精神的人群聚合的地方吗？"

我跨越国境来到美国一流的职业集团，在其中遇到的是非常日本式的相互理解的关系模式。不对，应该说是比日本人更有国际文化，体察并理解对方之心的国际主义精神。

和亚特兰大事务所的同仁们一起工作使我快乐无比，这里正可谓激情澎湃的工作场所。另外，由于绿卡的取得以及购买了房产，我有了扎根国外的想法。周围的同僚谁也不会想到我会从安达信辞职。

然而，在美国待了五年后，我的思想有了变化，美国是不错，可说不定日本也不错呀。进而，在美国的最后的一年我甚至想到，或许今后日本也会不同寻常呢？去了美国九年后自己心境的变化令我震惊。

为什么会这么想呢？这是因为一直从海外在关注着日本的期间，以前一直认为“无法改变”的日本的内向价值观正在一点一点地分崩离析的现象被我察觉。

美国这个国家一方面拥有像亚特兰大事务所同僚们那样优秀的人，而另一方面也存在着连字都不识的人们。社会中“上”和“下”的差别特别巨大，同时又具有什么都能接受的土壤。让人感到其社会范围极大。

然而日本这个国家的文化是“出头的椽子先挨砸”，并且这个“挨砸”的过程有着不对劲的地方。

对人如果进行正确的锤炼，能帮助他朝着优秀的方向发展。可是如果一味地挫伤他的积极性，他就不会成长，会变得陈腐，变得懦弱，心灵扭曲，朝着错误的方向发展。

在日本尽管很多人的受教育程度非常之高，可是**由于受到“出头的椽子先挨砸”的文化的影响，人人都不愿脱颖而出，其结果造就的是知识一般、素质均等的人才**。文盲确实少的同时，也造就不出能给社会带来利益的真正优秀的人才，从海外看日本的过程中我发现了这一点。

“日本这个国家很难从这种状况中脱胎换骨。”在美国工作之初我是这样想的。

然而，到了1999年左右，能感觉到情况在慢慢发生变化。日本的年功序列制和终身雇佣制度崩溃了，让人感觉到更加尊重个人的时代正在来临。

年功序列工资和终身雇佣制，本来作为制度来说，应该是好的，但是战后的日本在发展过程中，不知不觉地个人被组织束缚的弊端就显露出来了。这制度对那些适应公司文化熏陶的人来说可能是非常好的，但是对其他人来说就不是什么好制度了。

这样的制度如果崩溃了，会令我突然感觉到日本的魅力正在增加，不管怎么说日本人是拥有受教育程度非常高的国民，如果“出头的椽子先挨砸”的文化不再被认可，那么精英们脱颖而出的可能性就能产生了。另一方面，由于受教育程度较高，像美国那样向下沦落的人就会很少。

压在日本社会头上的那座大山一旦被移开，活力会否爆发？时机是否正在来到？我有了这样的预感。

## 回国进入最糟糕的新创企业

就这样我向安达信提出辞呈并于2000年9月回到日本。

一回国我立刻就进入了一家新企业，在那里遇到了后来一起创建“价值创造公司”的佐藤明。当时佐藤明是我入职的那家企业的常务副总，最早则是野村证券的证券分析师，曾在某分析师排行榜连续七年位于造船及工厂部门的第一名，1995年则是企业综合部门的第一名，是一位拥有辉煌成绩的优秀分析师。

顺便说一句，我是那个企业的CFO（首席财务执行官）。对于拥有日本和美国注册会计师资格的我来说，就像渡河有船一样。

但是，刚进入企业的第一天，就让我感觉到CFO的工作实在燃不起我的激情。

CFO按照图表的五种资产来说，就是金融资产的责任人，但是我所关心的不仅仅是什么金融资产，我所关注的是如何充满激情地将“看不见的资产”或“五种资产”整体做大做强。

更过分的是，我进入公司一周左右时竟给公司下了这样的定义：这家公司做事不认真。通过在这家企业的工作和观察，我才明白，对于我来说，亚特兰大事务所的同僚们，实际上是无与伦比的优秀专业人员。

例如，在这家公司中，普通员工同总经理根本说不上话，自己的所思不能自由地说出来的空气弥漫着，究其根本原因，就在于总经理一家独大的人格。在总经理面前说出自己的想法，如果同他意见相左，就会招来没完没了的责问。特别是在一些小公司，职位最高者的思考方式或习惯会成为公司全体人员的模式，这种色彩的非常之浓厚形成了企业文化。

但是，我过去所在的安达信，加点主义是当然的。**所谓加点主义，就是当你做了某项工作之后，上司首先赞许其中好的一面，然后根据你的能力再指出最应该改进的方面，这样，部下在下次的工作中就会去实践，自然有助于其成长。**就这样循环往复。

这就是具有加点主义文化的企业。

相比之下，我入职的企业则是完完全全的减点主义。不可思议的是，在亚特兰大事务所经常听到的“太棒了”“谢谢”等话语，在这个企业根本就听不到。听到的只有“这里不行”“那里不行”等否定的声音。二者的巨大差距令我深有感触。

自己努力地工作着，稍有疏忽，背后就会给你一脚，类似的感觉经常存在。相反，以前在安达信工作时比较重视客户，经常超出客户预期地给出建议，上司则平易地给予把关，对内容持赞同态度的话则给予大力支持。这就是那时我工作时的情况。

然而，我最初入职的那家日本企业的总经理则是采用这样的工作方法：在同客户开会时，他极其不满我作为部下的坦率发言。而对于发言的内容不论好坏，总是一句话：这不对。当着客户的面全盘否定。

> 三番五次从背后挨上一脚，这样一来，就使人们向前的意识渐渐丧失了。会不会再从背后挨上一脚？梯子会不会被撤掉？意识就会被迫向后转移。

为了参与日本的变革而归的我，竟然混迹在不争气的日本式的组织中而不能自拔。

# 发动价值创造

到那时为止，原来看似无可争议的、当然的某些东西完全行不通了。根据这个经验，我意识到，在这个世界中既有好的企业又有不好的企业。

这里所说的好的企业稍微往深了说一点就是出成绩的企业，而不好的企业就是不出成绩的企业，亚特兰大事务所就是大量出成绩的企业，而Venture——企业则是完全不出成绩的企业，我入职六个月后，该企业就被迫停止经营了。

**我还注意到了，出成绩或不出成绩的深层原因则是该组织是否具备出成绩的思考方式。不好的企业则是具备不出成绩的思考方式，习惯实际上不出成绩的企业。**图表4将揭示这种关系。

那么对于出成绩的企业和不出成绩的企业，他们之间有什么不同呢?

1.出成绩的企业谋求的是，想的说的做的如何在成果结出之前保持一贯性。想的和成果之间是有距离的就要不断修正，要面对现实，这样才能缩短距离进而使成果结出。

而不出成绩的企业则不谋求一贯性。例如，所想的不说，说的不做，做的不能持续，出不了成绩就放弃，不能面对现实等。（见图表4）

2.出成绩的企业的员工们认为为自己做事天经地义，不出成绩的企业却拘泥于所谓常识，而根据常识来工作，成绩还是出不来。

3.出成绩的企业具备主人翁意识，不出成绩的企业中多数都认为已经尽力了，再干的话就叫别人吧，不具备主人翁的责任感。

4.出成绩的企业重视过程，不出成绩的企业重视结果。

5.出成绩的企业中领导人向超过客户期望值的方向引导员工，不出成绩的企业的领导人强迫员工重视他自己。

这些事实对我来说是巨大的发现。到现在为止，总经理这种人物我一直认为同我不是一个世界的人，应该是有着出成绩的思考方式和习惯的人。然而不管怎么说这似乎都是极大的误解。由此，我注意到了出色的总经理和平庸的总经理之间存在着巨大的差距。日本约有250万家企业，也就是说有250万种思考方式或习惯存在。尽管在Venture——企业只工作了6个月，但是，我却以此作为宝贵经验而萌生整理自己中意的企业的念头。于是2001年5月我同前面提到的佐藤一起创立了“价值创造公司”。

图表4　“好企业”和“坏企业”

| 出成果的“好企业” | 不出成果的“坏企业” |
|---|---|
| ·因加点主义而表扬<br>（出头的椽子可以延伸） | ·因减点主义而不表扬<br>（出头的椽子先烂） |
| ·把工作当乐事<br>（激情工作） | ·工作是苦差使<br>（工作没有激情） |
| ·属于专门人才 | ·属于特殊人士 |
| ·个人来选择组织 | ·组织选择个人 |
| ·以信赖和信用为基础 | ·不信任为前提 |
| ·能够平衡工作和生活 | ·工作有所偏重 |
| ·自由但有责任感 | ·不自由无责任感 |
| ·情报（失败）可以共享 | ·情报（失败）不公开 |
| ·善于总结经验教训 | ·不善于总结经验教训 |
| ·能够持续不断地改进 | ·直线目标 |
| ·严格 | ·冷漠 |
| ·从小而慢开始 | ·从大而急开始 |
| ·善于思考（用AND思考） | ·不善于思考（用OR思考） |

## “这企业即使倒闭也毫无办法”

企业倒是设立了，可是却根本决定不了到底做什么，回想起来，当初并非是因为具体想做什么而创立的，而是主要因为要从Venture——企业辞职，所以顺势开一家公司。

在东京日比谷一家星巴克咖啡厅整整一天都在思索着应该干什么，最终什么都没有想出来。过去在书中看到的创业者们，也是在这种状况下获得很多奇思妙想的，但为什么同自己没缘呢？就这样，几个月很快过去了。这期间公司的净资产在不断地减少。

曾经干过证券分析师和注册会计师的佐藤和我，到现在为止一直在对客户“说现金流是最重要的，请一定要重视”之类的话，而如今却把自己的企业搞成这样。

“不管怎么说要干点什么才行”，我们这样想着，终于发挥我们俩的强项，案头工作算是完成了初步的工作目标。佐藤负责写分析报告，我则进行兼并调查。

这样的工作对于我们二人来说实在算不上能唤起激情的事。然而，因为现金流的重要性，所以（激情组织资产）要先让位于（现金金融资产）。这是作为一流的分析师和会计师当然的判断。

但是，尽管想得挺好，生意却很难延续，这是真正的败笔。

虽然佐藤和我的性格完全不同，但在遇到意想不到的困难时，我们的意见是一致的。此时就是如此，我们一致认为，“过分重视金融资产而忽视组织资产的思路可能有问题”。另外，“这样下去我们这个企业说不定会破产”。

但是，我们觉得“哪怕冒破产的风险也要把我们想做的事情做了”。

如果自己不去创业，而是像原来那样加入一家大企业，那么从收入上来讲肯定是要多于现在自己的企业所得。而我们偏要不顾这一切去创业是为什么呢？答案只有一个，就是要验证自己想干的事在这个世界上是否通用。

我们考虑过，虽说失败确实无可奈何，但失败是成功之母。

于是，我们先把“创造激情”的思维方式向我们所接触到的人们进行热烈的宣传。用“五种资产”的图表向他们传递有关企业价值和“看不见的资产”的思维。

资金流通的问题先搁在一边，尽可能地接触更多的人，热烈地进行游说。然后，逐渐的，与我们能达成共识的人开始出现了。

在同人们的热烈交谈中，亮出自己的所思所想，对方则认为“这样的想法真是独特”。同这样的经营者见面交谈可能会有所收获，于是向别的人作了介绍，而我们再向被介绍来的人谈论自己的想法，同样获得认同。就在这样的一来一往的过程中，前来签约的客户渐渐增多。

## 现金流即使为零企业也不会倒闭

在这期间公司的资金流通确实在恶化，2002年1月23日到银行一查才知道，公司存款一点都没有了，我不得不临时把自己的钱存进了公司账户。

在这种情况下，我却激情澎湃着。

为什么？这是因为作为会计方面的资产即“看得见的资产”减少的同时，创造价值公司的“组织资产”却毫无疑问地在增加。我们自己热情高涨地工作着，亲身感触着激情与快乐。同时，认同我们想法的人在不断增多，客户出现了。尽管此时仍然没有收入，但从现在开始“该有收入了”的感觉出现了，也就是说“客户资产”在渐渐增加。

现在，即使“看得见的资产”为零，看不见的资产也在增多。

而且，这个“看不见的资产”正在转化为“看得见的资产”，尽管存在着时间的间隔。

从结果来看，“创造价值公司”没有溃败而是前进着。（见图表5）

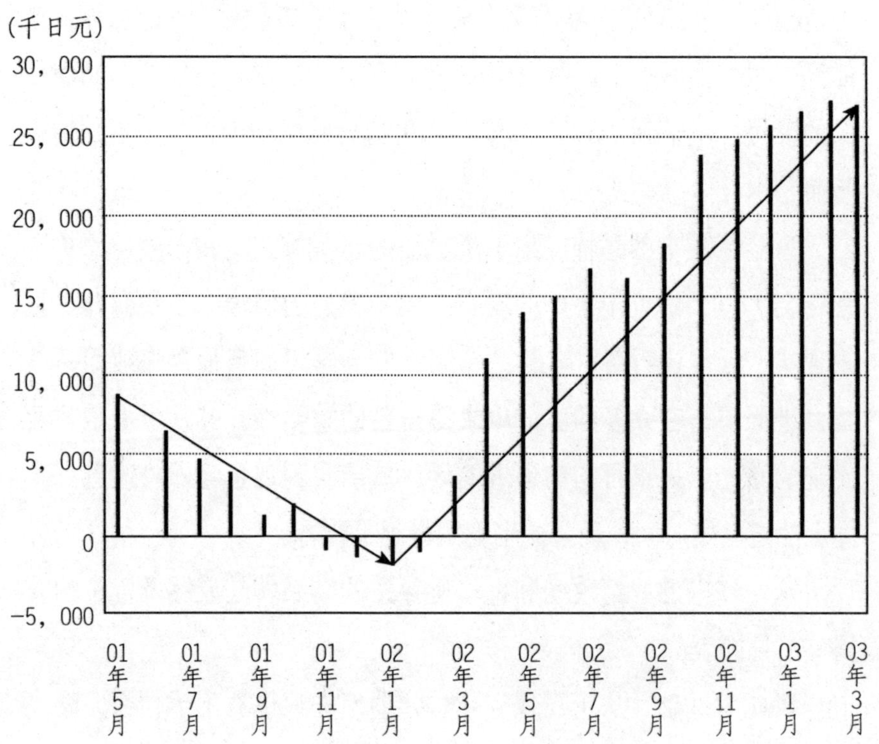


**图表5　价值创造的净资产的推移**

上面的图表5显示了创造价值的公司从设立开始在两年间的净资产的变化。

2001年5月公司成立时净资产约为1000万日元，那以后一点一点减少直到2002年1月。从数字上看这里是个分水岭，可这之前已经曙光初现了。精神上备受煎熬的则是2001年10月前后。

各位读者，看过图表没感觉到什么吗？那条曲线同管理理论中“J效应”所说的是不是一模一样？对了，正如您所知道的那样，该曲线图因为像罗马字母中的J而因此得名，我们根本没想到，利用自己的公司，竟学到了与“J效应”相关的管理学知识，只是不是用头脑而是用身体感觉到的。

现金流减少的恐怖，出不了成绩的思考方式（相比激情而更重视资金）怎么做也做不好的现实。在一系列的困难中，我们开始正视现实，反复进行各种各样的错误试验。**学习如何面对失败而不气馁，进而懂得在众多的失败中求得一胜的重要性，并从中看到将要出现的曙光。如果再向前迈进的话，就能看到现金流即将改善**。实际上经过一定时间，现金流也确实得到了改善。

这一连串的心情改变和行动所导致的结果就是成绩及资金的获得。（见图表6）

以此为基础，从正视现实开始，即使失败也算不了什么，曙光初现，成果出现，J曲线完成，登上一连串的台阶。如图表6所示。

从STEP1正视现实开始到STEP7的成果出现，J曲线完成为止的7个STEP就是企业发生变革过程中的7个台阶。

说到“J曲线效应”给人的感觉可能是一种新的经营理论，但实际上却并不是什么新的理论。简而言之，就是日本过去的那个谚语“欲速则不达”的翻版而已。

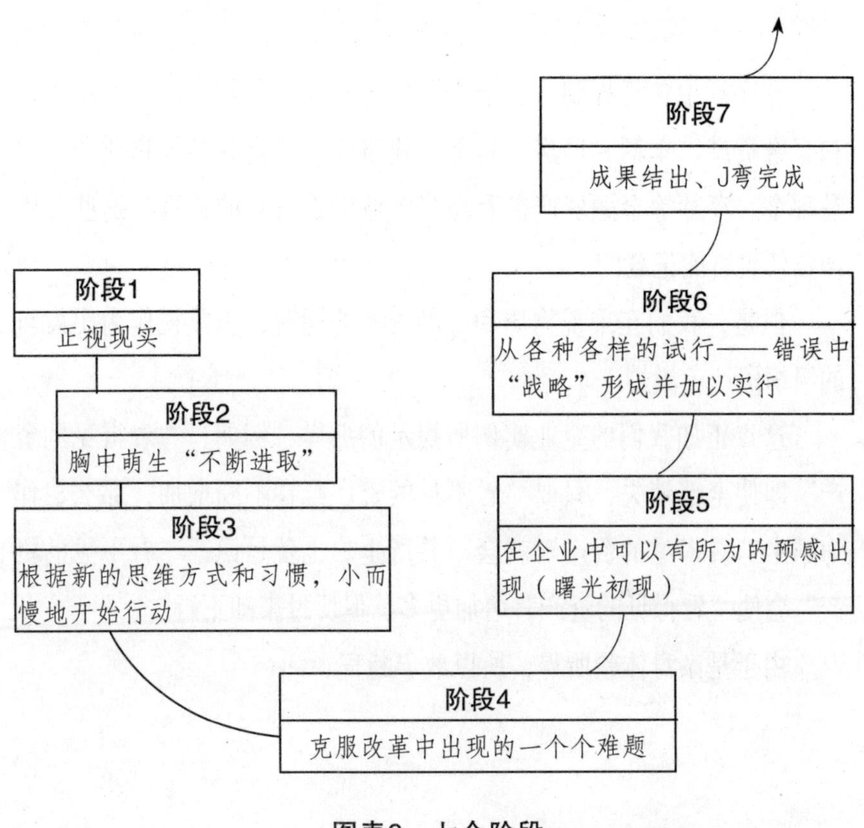


图表6　七个阶段

**“经验是一种可怕的东西。”**

言归正传，佐藤和我依据这一连串的经验摘掉自己所谓“一流”的招牌，取而代之的是“别具一格”的证券分析师和会计师。在这之前，我们总是给予客户“不重视现金流不行”的忠告。但现在则是来了个180°大转弯，告诉客户“只要认真经营企业，企业是不会那么简单就倒闭的”。

在序章中曾经提到，在给企业作评估时，往往只注意物质资产和金融资产。车辆、厂房、总部、建筑物、机器装备等物质资产以及现金、存款等金融资产被看做是企业能否持续的关键，这些是资产负债表所能记载的。

但是，我们在重视物质和金融资产的同时，更重视作为出发点的组织资产（激情）。

这点正如我们的企业实例所揭示的那样，例如，“看得见的资产”即使全部消失，只要“看不见的资产”在不断增加，那么，作为结果“看得见的资产”就会一并产生。也就是说，“看不见的资产”会使“看得见的资产”增加更多。但反过来却不行。

由于是亲身体验所得，所以敢于断言。

## 员工的激情缔造企业

工作中，企业员工们虽有着各种各样的想法，但他们却感觉不到激情。然而对于企业经营来说，没有比激情更重要的了。它确实是资产负债表所没有记载的，但实际上却对资产负债表的改善有着重要的意义。

所谓激情，以我们为例就能看出并非只要快乐就好，相反，它可能并不快乐。它其实是在任何情况下都不言弃的一种精神。在这种精神支配下跃跃欲试，这才是激情的真髓。

这里希望您再看一下图表2，我们将激情的位置放在价值三角形最底部正是这个意图。

如果将“只要快乐就好”称为激情的话，我们就会将激情注入日常行为中。将激情的位置放在底部就意味着昨天、今天、明天、一年、三年、五年后或者说直到永远都需要拥有激情。比如生产钢铁的企业，信念是钢铁是建设国家的原材料，通过向社会提供钢铁会为社会带来动力，这是很有激情的。这不像通过汇率的变化来赚钱。这就好比电视台通过优秀节目来娱乐大众，而不是靠广告来娱乐大众。

**如果有能够使专业人员激情澎湃从事工作的组织存在，那里工作的人们就自然而然地快乐工作。**那样的企业也会使自己的客户满意地使用提供给他们的产品和服务了。客户满意度的提高将使更多的客户享受该企业的产品和服务，企业的业绩必然提升，物质资产和金融资产也将更加充实。

这样的良性循环一旦形成，企业的经营必然成功，循环往复形成了更大规模，那就是对社会作贡献了。

其实，这是以安达信最早提出的价值动力学的思考方式为基础而形成的。我们则对其稍加整理并作为框架来为客户提供建议。

2002年6月，我同V公司钢铁部门的事业本部部长和管理部长会见时，我们恨不得立刻就把自己企业实践过的“价值创造过程”、“J曲线效应”复制到其他企业。我就是因为确信“日本人拥有自身都没有想到的可能性，绝对有发展潜力”才回国的。仅此而已。

# 第二章

## think straight, talk straight
## ——正视现实

## 无效、沉闷的会议

V公司钢铁部门最初的会议于我们提议四个月后的2002年10月19日才召开。

我们先是集中在工厂二楼的会议室。参加会议的人员除了公司独立后预定就任总经理的事业部部长（前钢铁部门的一把手）外，还有营业部长、技术部长、管理部长以及技术、设计、企划部门课长级等十人左右。

会议一开始就让人感到，长期在钢铁部门工作的这些人们中间弥漫着郁郁寡欢的气氛。实际上，说是郁郁寡欢还不如说是灰心丧气。

我们简单地自我介绍后，便对“五种资产”、“价值创造过程”以及自己企业的实力等进行了说明，并且亮出了我们的观点“钢铁部门能进行改变”。

我们这方面进行了一定程度的说明，接下来该是大家一起讨论的阶段了。

可是……

虽然我们想和他们一起讨论，可基本上没有什么人发言。于是，我们问道："你们怎么想的？"可还是没人回答。沉默持续了好一会儿。为了打破僵局，管理部长点了几个人的名字，叫他们发言。于是才有人说：

"到现在为止数次尝试……"

"还要再来搞吗？"

"也知道这个现状不行，但重新开始太难了。"

我终于明白，他们之所以不愿发言自有他们自己的道理，不过，那时我对这个问题的理解还没有现在这么透彻。我当时只是能感觉到"他们多半以前吃过了不少苦头，对于'被要求改变'这件事已经深感疲惫了"。

事实上，尽管对历代一把手的命令忠实地执行着，花了十年以上的时间采取了各种措施，可是经营状况依旧朝着恶化的方向发展。眼看着所有的一切都变成徒劳的话会怎么想呢？在这样的情况下，听见别人说："改革吧！对公司进行改革吧！"不可能会有人立刻答复："好的！"他们多半会在心里想："算了吧！我们不可能再有什么变化啦！"

那么究竟应该怎么办呢？

在这种时刻，只有"静下心来等待"，也就是要耐心等待对方自己产生“想有所行动”“想变成……”的想法。除此之外没有别的办法。

由于心太急进而强行采取行动而导致失败的例子太多了，这就好像是明明吃饱了，但由于观念上认为这东西对身体有好处就没完没了地吃，结果造成消化不良一样。

## 倾听，倾听再倾听

此时，我们首先要做的就是尽全力倾听与会者所说的。

**运营不畅的企业大都是这样。平时总是听命于公司，而上司能够认真听自己说话的机会基本没有。**但是，不管是谁在工作中都有可能产生各种各样的疑问，例如“这么干是对的，可是……”等。可是，这种种疑问也好，想法也好总是被无视，在自己价值不被认可的环境中，人就会想到放弃，就会渐渐沉沦。

我自己赴美，对从上司那里听到的话在头脑经过整理而形成的经验是比什么都重要的。所以，只要听别人说话，就有可能产生某种效果的道理是显而易见的，而作为咨询师的我的强项之一就是对别人的话进行整理。对方一张口说话，我的头脑就开始对他个人有了一番梳理。

然而，在眼前这种局面之下，指望对方“拥有清醒的头脑”的愿望是很难实现的。所以，先要让对方把心里所想的说出来。这样的话，我就可以一点一点地了解钢铁部门的状况。对方想说的，尽量让他说出来，我再套用“五种资产”和“价值三角形”从而掌握公司的全面情况。

# 我们给对方留下了最糟糕的第一印象

我们竟给对方留下了最不好的第一印象。这是我们日后所听到的。在最初的会议上，对方对我们所抱有的印象，如果五分为满分的话最多只能打出二分。

为什么会有如此之低的评价呢？这是因为我们完全脱离了他们心中的专家顾问们所应该有的形象。

这是我回到日本后所注意到的。聘请咨询顾问的企业对于专家顾问都持有独特的形象标准。或者说有一种固有模式，顾问们一再强调或指责企业的问题所在，穿着一水儿的黑色西装，用数字说话，皮笑肉不笑等。顾问们所独有的东西，主要的是头脑精明，对什么问题都能给予肯定的回答。企业的人们根本不认为这些顾问是同自己一样的人类，他们也不想这么认为，他们只是把这一切看做是理所当然，他们内心对于这些人天生具有一种畏惧，或者说是反感。

再反过来看我们，没有打领带、穿西装，取而代之的是夹克衫，我们没有锐利的目光和威严的神态。作为证券分析师和注册会计师，我们却根本不用数字说话。脸上始终荡漾着发自内心的喜悦和笑容。说白了整个儿一副在街上不时擦肩而过，哪里都能见到的普通人的形象。

再加上V公司的员工都以他们是有历史传统的公司而特有自豪感。如果用一句话来概括该企业的文化，那么就是保守主义风格。访问该企业时既不打领带也不穿西装的人是没有的。我们沐浴在异样的目光下也是没有办法的。

而且虽然挂着给企业进行诊断、建议及指导的专家顾问的招牌，我们并未给出诸如“应该怎么怎么做”的明确建议。我们所重视的是他们本人有这个点子，如果付诸实施，应该有不错的结果的想法。因此即使他们有了想干的苗头，我们也不会明确指出应该去干，我们始终如一的态度是最终的选择和实施将由企业或该企业的每一个员工来决定。

在此基础上多多倾听对方的声音，一心一意地倾听，对方一旦开始有所行动，就要去倾听这么干究竟同企业改革有何种关系等有感而发的声音。

“工作快乐吗？”

“什么时候才快乐？”

“当初为什么会来这家公司？”

在这家钢铁部门所直接面对的危机状态下，这些岂不是阳光般的质问吗？

“这俩家伙到底干什么来了？”这是他们的真实想法，他们这么想也是很自然的。

## “经营不善的企业都有相似之处”

通过这种快速接触，我们对这个钢铁部门的问题本质有了一定程度的认识。

文豪托尔斯泰在其作品《安娜·卡列尼娜》中留下了“幸福的家庭都是一样的，不幸的家庭各有各的不幸”的名言。他的话对现代的企业组织完全适用。**“经营良好的企业都是一样的，经营不善的企业则各有各的不幸之处。”**

为什么经营良好的企业是相似的呢?

这是因为尽管存在业种业务的不同，日常业务采用的思考方式、养成的习惯是相似的，也就是说共同具备容易出成果的思考方式和习惯。反之，运营不畅的企业则是各种各样的问题所在，的确是各有各的不幸。

一般的经营顾问总是注意负债表面上的个别问题，而不顾各种各样企业的各种各样的不幸，只把最引人瞩目的表面问题解决或修正了事。

然而，其实不正确的思考方式和习惯才是真正的原因，因此一个一个的问题才出现。而正确地指出这一点才是应该做的。情况好的企业都是一样的，情况不好的企业各有各的不幸。而情况不良的企业无论哪个在其深层都存在着不良的思考方式和习惯。这一点是相似的。

这个钢铁企业存在着只有这个钢铁企业才有的问题。

廉价钢板的流入、世界性的供给过剩等因素导致这个企业在国际性价格竞争中败下阵来。他们不能做到根据市场信息来开发商品，同时深陷人工成本的泥塘不能自拔。

这一系列的问题作为该企业固有的问题，这一点已经得到明确，所以不摸索出一套良策是不行的。

但是在这之前应该要考虑到这样的问题，即为什么该企业会出现这样的问题？为何长期以来得不到解决？

这是因为该企业存在着更深层次的根本性问题。其他情况不佳的企业同样染上了不良思考方式和习惯的顽疾。

该钢铁部门的不良思考方式和习惯究竟是什么呢？其中最大的问题是员工们不能将所想的自由议论的所谓企业文化的存在。

已经习惯了的他们似乎并未意识到这点，其实他们自己企业的那些事没有人比他们更了解的了。外部人士即使能够把握住那些看得见的资产，但该企业所具有的看不见的资产（组织资产、人的资产、客户资产）什么的，不是一下就能明白的。

如果他们能将所思所想说出来相互讨论，为了企业的健康成长将其统一的话，也就不需要我们的存在了。也就是说，他们应该自己找出问题的解决办法并加以实践。

之所以需要我们这样的人，是因为有些企业内部的积极能量，也就是我们所说的“激情、快乐、笑容”的循环发生了停滞。使组织形成快乐氛围的是员工，而使客户笑容满面的还是员工。员工之间的联动不协调的时候，“激情→快乐→笑容”的循环就被切断了。

销售额长期低位徘徊的情况，到底如何是好？那些没有找到答案就停止思考的企业是因为无视自己企业“看不见的资产”的存在，忘记了其价值，进而造成临时应付一下从而使客户离之远去等局面出现。

> 经营情况不好的企业的不良思考方式和习惯的根源就在于员工间有机的关系欠佳，这是普遍的事实。

看到这里，可能会有不少读者不由地回忆起自己的企业。

## 首先，要知道什么是“出成果的思考方式和习惯”

但是，急则出错。

这样去做但情况仍无好转的企业，往往是互相推卸责任。

“营业部门能力太差。”

“因为生产部门做不出畅销产品。”

就这样互相牵制，相互反目。他们都认为自己是对的，结果造成情况进一步恶化，销售额不停地减少。

从结果开始说明的话，为使受“不良思考方式和习惯”支配的企业发生转变，就要从酿成“畅所欲言的信赖关系”、“员工们无拘无束地为企业的改善而积极提供建议”的空气开始带动全盘。

**如果企业的员工都不再消沉，良性的企业文化就会生成，则企**

**业将走上良性发展的道路。**进而把握住具有自身强项和可能性的组织资产，健康成长就成为了可能。虽然最终该企业的经营能否有所改善，还要看努力的结果，但已经形成了的求变的起跑线的确应是不争的事实。

然而，在业绩恶化并且互相推卸责任的状况面前，尽管我们正面切入谈到这些问题，但这个钢铁部门让我们注意到的仅是郁郁寡欢的气氛。

针对于此，我们采取的是先迈出一小步的方法，具体来讲就是将为了改变现状而挑选出来的10名左右的核心成员集中起来开会。在会上进行的是畅所欲言，“读完好书后的感想”。

我是非常喜欢读书的，读的书也很多。所有好书说的都是相同的事，描述的内容当然是千差万别，但其内含的思考方式和习惯确实是相似的。

通过这样的书首先要知道好的思考和习惯的存在，将他们自己的企业的不出成果的思考方式和习惯进行对比，从而使其中的差别之处浮上表面。这样一来，存在各种各样问题的该钢铁部门的根源性问题即“不良的思考和习惯”就明确显现了。

## 将“优良企业”同自己的企业进行比较

我最初所选的书是《绝代公司》。（日经BP出版中心）

为何选择这本书呢？因为该书对“出成果的思考方式和习惯”做了说明。书中对那些出成果的思考方式和习惯作为企业文化的企业特征做了详尽的说明。除此之外，书中观点符合我在安达信时的感触。

例如，书中第十四页这样写道：对于完全符合“绝代公司”的基本理念及高标准要求的人来说，“绝代公司”是一个非常棒的职场。

**在“绝代公司”工作，要不就完全适应公司而活跃起来（没有比这更幸福的了），要不就像病菌一样被驱赶出去，没有其他选择。**“绝代公司”将自身存在意义及员工应该做的事直截了当地指明，因此，如果不同它的严格标准合拍的，或无法合拍的都将在那个公司没有立足之地。

读了这部分，我真正地体会到了我在美国安达信工作时为何会那样幸福地工作。很快，全体参会者到十一月的会议为止都读完了《绝代公司》并畅谈了各自的感想。

《绝代公司》之后选读的书是《真实使人感动》。(钻石出版社)

作为美国一家钢铁公司管理者的肯·埃沃森所写的这本名著，为什么在日本因为缺乏人气而绝版呢？恐怕是由于书中所写的“出成果的思考方式和习惯”读起来似乎让人觉得是当然应该具有的。该书描写的是作为总经理的埃沃森拯救即将被破产的钢铁公司的事实，读起来可以使读者对改革前后的情况留下印象。

读此书的人不同，但感想能够达成共识。

这样的过程的循环往复，使得参加者的思维活跃起来，有利于向钢铁部门的人们传递我们的想法。

例如，有个课长同我们达成了这样的共识：“企业的目标或行动基准到现在为止，只限于贴在公司墙上。可是这本书上写着‘你信不信某事真能干成？’这句话非常重要。在我到目前为止的人生中，一直以公司的事为中心，这方面的体验还真没有呢。”

这真是一言中的的发言，其他的与会者也有类似的发言。

比如，还有一个课长发表了这样的感想：“如果要让企业文化成为真正有实质性的东西，必须做到首尾一致，重要的是一贯性。”

另外，别的课长也做了这样的发言："想做的事也能带动员工们去做，到现在为止，上司吩咐的事，让部下去做我认为这是自己的工作。但自己想做的事让自己的部下去做，甚至连想也没想过。可是，即使这样，同部下之间的关系也很差。这本书里的关于自己想做的事要带动员工们去做，这部分最能打动我的心。"

就以这样的形式，大家都认为好的思考方式和习惯一点一点地呈现出来，通过对比，大家能够畅所欲言地谈论"我们自己的公司"的情形出现了。

# 揭公司的“短儿”

2002年12月，也就是最初的会议之后的两个月左右，我们接着的提案是“来揭公司的‘短儿’”。同“绝代公司”和“新核心”相比，在能议论自己的企业的基础上又迈出了一步。

该钢铁部门2003年4月实行了分公司制，这是个严酷的现实，恐怕员工们都会这样认为：到目前为止还是总公司的一部分，但因为糟糕的业绩而被分离出去了，这虽然令人遗憾，但却是事实。

对此，我们却认为“分公司制”不仅不是最大的困境，反而是最大的机会。正好可以以此为契机同到现在为止自己所厌恶的思考方式和习惯诀别，从而明确和导入意欲实践的思考方式和习惯。也就是要从以前唯命是从的状况下解放出来，根据自己确信的思考方式和习惯来使企业发生良性变化，而且是从零开始的变革。由于有我们这些外来的顾问的存在，遇到困难可立即询问。在这种状况之下，不就可以义无反顾地大干了吗？大不了从头再来，自己的责任自己承担就是了。

然而，必须看到，这样做如不能取得成功，将出现非常严重的后果。所以，只有“去干”这一条路可以走，在实干中才能产生新的做法。这对于我来说，正是在安达信多次实践过的“失败是成功之母”的精神。

他们所面对的分公司制在这样的被定义和解读之后，与过去诀别就成为了必要，为此我们提出可“来揭公司的‘短儿’”。

但是，揭“短儿”也是要有度的。**揭“短儿”是自由的，但不能将这些带到新的企业里。同时确定带到新企业里的一定是希望带去的思考方式和习惯。**

当然，在各人所想的事能够自由表达这种文化扎根的企业里，类似的议论可能是没有必要的，然而，像该钢铁部门那样，进而像日本企业大量存在的情况那样，在所思所想不能自由表达的文化被作为常识的组织机构中，揭“短儿”这样的做法有超想象的效果。

从前，在会议上揭企业的“短儿”，对他们来说是难以想象的事情。而现在却郑重其事地表示：“在工作中要认真地议论企业的不是之处，不好的思考方式和习惯绝对不要带到新的企业中。”新的总经理和管理部部长真诚地想使企业发生变化，拥有为使企业发生变化而什么都可以去做的决心，这也是他们对公司的信号。

针对改革的会议当初的参加者仅10人左右，但是，经过三个月，也就是到了2003年1月左右，会议的参加者回到各自所属的部门时都纷纷被问道："今天的会议都有什么内容？"而参加者则回答说："今天所有人都揭了公司的'短儿'。"最初，大家都认为这是开玩笑，谁都没当真。

但是，慢慢地人们就对参加者所说的当真对待了，而没有参加会议的人们也表现了兴趣。

企业中很小很小的变化正在出现。

# 揭公司“短儿”的正确方法

当然了，最初阶段对企业的批评不会大量出现。

在会议中我们注意到了，因此不论如何去讨论或争论，这个钢铁部门到现在为止没有正确议论的习惯，或者说对议论这个事物有着某种误解。具体来说，提出问题的话，好像就是对本部门的批评。因为参加者们的潜意识里都抱有自己是代表本部门坐在这里的态度。因此，如同自己批评自己那样揭公司的“短儿”的话是不应该说出来的。

**营业部门**：我们首先要制订销售计划并以此为基础来进行战略考量。如果这样再销售不好的话，那估计就是产品有问题了。制造部门不听我们的声音，过分沉溺于技术而不能提供客户真正想要的产品等，将责任推到了制造部门的身上。

另一方面，**制造部门则认为**：我们是制造部门的代表，所以我们的技术不会输给任何人，我们的产品是高品质的，而不理解这些的营业部门卖不出东西，是因为他们的销售方针及经营计划有问题。

**设计部门**：我们是根据企划部门的意见设计的。一开始企划部门就没有考虑到畅销的新产品。

**营业企划部门**：我们是完全根据事业本部部长（一把手）的意向而动的。难道会有问题吗？

事业本部部长是绝对的权威，这么一来，全会沉默不语了。

本应对企业问题提出批评的，但最初的情形就是责任的互相推诿。他们并不是什么特殊的人物，而是些平平常常的人。要除去禁锢在他们身上的铠甲是需要相当的时间的。**为了恰当地对企业提出批评，在会议上不论什么样的发言都OK，批评部门不等于批评个人，在会议上无论怎样的言辞激烈过后都不会给工作带来麻烦等，议论的原则，参加者全体必须彻底贯彻执行。**

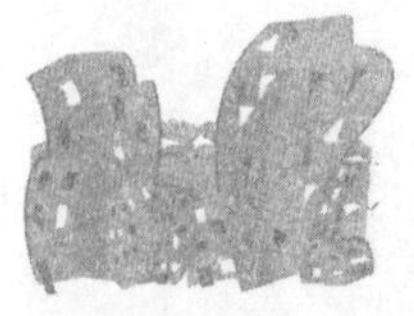

# 事实发现

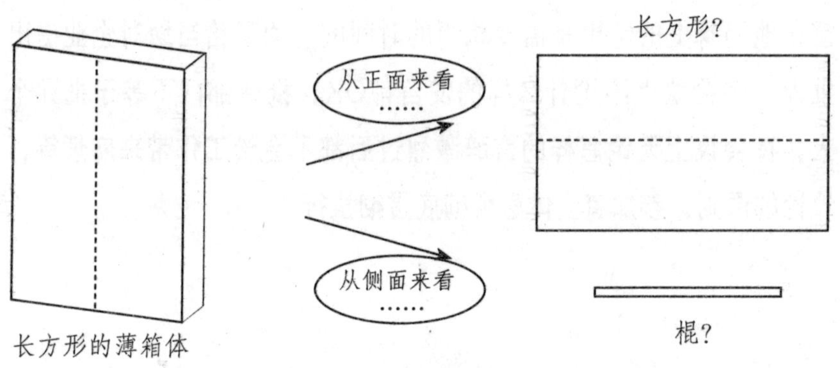


**图表7 立场不同所见亦不同**

在会议上，不同的部门、不同的职务等立场不同的人们集中在一起议论，一致认为“差异开始时就存在，进而发现事实，这样参会全体人员都除去铠甲说出想说的，那么企业的本质性问题就徐徐浮上水面”。

所谓事实，根据看法和职务等立场来看是完全不同的。请看图表7。图中有一个长方形的、很薄的箱子，从正面看的话是长方形，但从侧面来看是一根棍。

如果从各自的立场来看箱子，结果会是对于同样的箱子而有不同的看法。从侧面看的人会说：“这是根棍。”而从正面看的人们则会说：“这帮家伙脑子有毛病吧？明明是一个长方形怎么说是根棍呢？”不同的人从各自角度冷眼旁观。

而这正是该钢铁部门最初的情形。

但是，超越部门和职务持各种各样立场的人们集中在一起，脱离身份，反复议论、争论，渐渐的，大家的意识都发生了变化。可以看出，不同的意见已经可以被容忍了。

对于从正面看的人来说是长方形，而从侧面看的人所见的是棍，但从结局来看，不过是同一事物而已。组织也是同样，不同部门、不同职务对于组织的看法也是不同的，但在大家热烈的议论中，共同的问题也就渐渐地集中出现了。

不用说，人们见解的不同是当然的，销售部门的着眼点是客户，车间工人的着眼点是工厂车间，再有就是经营一方的着眼点，每一方都不同。重要的不是是否存在不同，而是在于认识到不同并通过对话使着眼点重合并加以修正，最终使所有人能达成共识，让解决问题的方法浮出水面。

为了使企业这个组织的真正的问题得以明确，这种手段是非常有效的，这就是咨询业界所说的事实发现。

如果对在企业中议论一事不习惯的话，那么采取这样的议论方式就不会使同问题相关的部门的人们有被批评的感觉，取而代之的是，自己并不坏，这点得到确认会使真正的问题不容易被掩盖，心理学上将这样的状况称为刺猬的窘境。

现在，眼前有两只刺猬，而且两只刺猬的关系越来越好，因此彼此靠近，但是越靠越近，彼此身上的刺就越是碍事，使彼此不能更好。这个过程中使双方疲态渐显，并不得不放弃而使关系逐渐变冷恢复到胶着状态，可是双方并不知道是自己身上的刺从中作梗，都认为是对方的原因使双方不能成为好友。

在这里，在议论当中，谁好谁坏一概不问，这样一来大家反而从“想知道事实真相”并想加以改善等观点开始使议论得以进行。

根本原因不是“人”而是“事实”。

所以，无论如何，接近事实就成为重要的事了。而且，一个事实一个事实的积累使全景图像形成了。

这样的全景图如果只从各人的立场出发是不可能呈现的。相信群众的眼睛是亮的，而且将每个人的观点汇集在一起再形成整个企业的观点，这样议论就可以顺利展开了。

这就是事实发现的价值所在。

## 应培育的思考方式和习惯，应摒弃的思考方式和习惯

如果能把企业的缺点全都说出来，就能够客观地审视到现在为止支配着企业的那种氛围，也就是能够看清在一个企业中竟然会有各种各样的空气混杂在一起。如果将其划分的话，该钢铁部门可被分为三大块。在已经明示的过程中，发现事实是最具效果的一个。

这三块具体来说就是：

实行分公司制后，最不愿意被带去（或延续）的思考和习惯是什么？

现在还仅存的好的思考方式和习惯是什么？

以前存在可现在越来越少见的好的思考方式和习惯是什么？

2002年12月的会议记载了这样的结果：

大家的议论以现状及支配企业行动的思考方式和习惯为基础，将不想带到新企业的思考方式和习惯都摆在面前，这不是最后的定案，望加以修正。

新企业所不欢迎的思考方式和习惯：

上意下达

总公司至上

总公司至现场的单方面（命令）

减点主义

无视一线（现场）

内向

坐等上级指示

军事化管理

不放权

官僚性

冷漠

支配现状的思考方式和习惯中，也存在下面这些积极的思考方式和习惯。希望将这些加以认真的维持和培育。

积极的思考方式和习惯：

培养专门的知识

作为工程师的自豪感

信守诺言，比如“交货期”

安全

成本

企业的品牌

守纪律，人品好，朴素谦和

积极的思考方式和习惯过去存在但现在渐渐感觉不到了，而这样的思维方式和习惯要能得到重新认识，在新公司里进行维护和培养。

已经失去的积极的思维方式和习惯：

（以前）充满活力

（以前）上司放权

（以前）由于上司的信任和放权，可以全力以赴地向前

（以前）想干的事让你去干

（以前）能得到夸奖

就这样，他们的企业现在所拥有的好的思维方式和习惯，曾经拥有现已失传的好的思维方式和习惯以及不能带到新企业的不良思想方式和习惯等全都浮上水面。而且这一切都是与会者的共识。

## 信息全部公开

在这一段有所进展的过程中，我们还在某方面下足一番工夫。这就是灵活应用作为交流、传播手段的征询意见。

正如前面所述，当初参会者的发言非常少。作为对策，我从最初的会议开始，每当会议结束时，就将征询意见表发下去。

这样一来，既不用直接从嘴里说出来，又能使所有人对各种各样的问题进行思考。这些问题既有积极的又有消极的，重要的是问题得以全部公开。

**只要有问卷，不用嘴说，所思所想或多或少会被写出来。即使在会后，问卷中所写的也是会上所想的，同样是重要的交流。**

我每次都要将征询意见表所写的内容立即并多次反复阅读，将其中谈到企业真实状况的内容挑出并记录下来。

等下一次开会时，首先发表上次会议所作的问卷调查的结果。积极的感想当然公开，比如“《新核心》那本书给了我很多启发，确实不错”。消极的意见也都公开，比如“你们这种咨询工作没啥意义”。总之，全都公开出来了。

同时，对于征询意见表中求教的问题，我们能够解决的全都解决了。例如，关于阅读《新核心》这本书，大家虽然早就读了，但通过问卷调查，反馈意见才表达出来。

在谈论有关《绝代公司》的感想过程中，我趁势将有关的《新核心》做了介绍，与会者中的一人对此非常关注，在会议后的征询意见表中这样写道：“希望大家能读一读《新核心》这本书并达成共识。”看到这话我心中一喜，真不错，向与会者提出，应该会得到相应回复。

真有意思！某个人所感触的问题，大体上别的与会者们也会有同样的感触。于是当即决定在下次会议之前将每人对《新核心》的读后感想进行归纳。

我认为这些细微的现象是重要的。为了灵活运用作为交流引子的问卷调查，我们这边采取相应的态度是必要的。

对于调查所作出的积极回应，使得与会者感觉到自己的意见受到了重视，自己受到了尊重。我作出积极回应的话，与会者们则自觉地发表感想和议论。

更重要的变化不知读者们是否注意到了？

这就是与会者们开始根据自己的意志行动了。这是在第一次死气沉沉的会议上想也想不到的巨大变化。

## think straight, talk straight

最大的收获就是怎么想的怎么说。或者说是如何在企业中树立能够畅所欲言的文化。

怎么想的怎么说。（think straight，talk straight）

这实际上就是我从前所属的安达信的行动基准之一。

通常，踌躇使大部分人无法畅所欲言。其实造成踌躇的原因是各人相互间的思维方式和习惯的不同。从某种程度上来说思维方式和习惯如果相同的话，表面上存在的所谓不同，反而倒成了议论得以展开的突破口了。

有意思的是，正如运用安达信的经验来说明的那样，与拥有作为基础的相同的思维方式和习惯的人进行讨论的话，在议论过程中，哪方都会说些肺腑之言。而讨论过后就是行动。最终，这种行动毫无疑问地会使工作的效率和质量有所提高。

更有意思的是，在讨论过程中，最初双方或多方都没有想到的新点子就这样诞生了。而这正是议论或讨论的终极价值。

**只要有了一次这样的经验，畅所欲言所伴随的不但不是踌躇，反而是可能产生新的可能性的那种痛快淋漓的感觉**。这种习惯如果在组织内全面展开的话，“think straight，talk straight”这样的行动基准将形成文化而扎根于企业。

安达信为什么会有这样的行动基准呢?

这是因为安达信的创始人亚瑟·安达信的母亲经常用这句话来教育他：Arthur think straight，talk straight。而在这样的环境下长大的安达信深信“将自己所想的表达出来，对于人类来说，是理所当然的，决不能将所想的深埋于心底”。所以他特别重视一起工作的人所发表的感想。

安达信非常希望员工们表达自己的心里话。这一行为准则在创始人Andersen之后作为企业文化得以默默相传。身为日本人的我作为员工，是完全认同并加以实践的。也就是在那时，我牢牢地扎根于那个叫做安达信的企业。

## 最大的问题是“上意下达”

话题再回到这个钢铁部门，随着企业中的问题浮出水面，有益的议论也渐渐得以开展了。在这个过程中，该组织最大的问题就是根深蒂固的上意下达意识。

不用说，所谓上意下达就是领导的意思或命令传至部下并加以执行。所谓组织，就是在上层管理者的统率下向目的地前进的集团。企业就是组织，而上意下达本身并没有问题。

我自己在安达信工作时，如果遇到困难就去找公司商量，上司则将其明确的意见传达给我，我自己再将其达成，也就是通过执行而取得成果。这正是上意下达的关系。

但是，该钢铁部门所说的上意下达则是上边的意向单方面地向下传递，而下边毫无保留地予以实行。换言之，就是将一个人思考的过程抹杀掉了，而要照上司说的去办。这样的结果就会导致员工们失去对于企业、对于客户所应承担的责任，而一旦出现问题则同自己无关而将责任全部推到上司身上，自己甚至连反省的功夫都不愿去花费。

事实上，到此为止，该钢铁部门中，部门的一把手也就是事业本部部长的指示是按照这样的顺序：部长→课长→系长→现场而下达的，所有人毫无疑问地服从。

“我所在的企业也是这样的”，心里这样想的人一定不少。

如此这般“上意下达”的企业通常都会深陷于各种各样的问题之中。

读好书、不留情面地说话、问卷调查等，通过各种各样的手段，人们会在不知不觉中发现自己的企业所面临的真正的问题正在一点一点地浮上水面。从这里可以看到上意下达有可能造成以下这些问题。

### 1.忽视客户的存在

企业为了实现出成果的目标，沿着“价值创造过程”的轨迹前行时，要形成“客户高高兴兴地花钱买你的东西”的局面是必要的。金融资产（销售额、利润等）之前存在着客户资产就是这个意思。因此，要向客户提供超过他们期望值的产品和服务就成了非常重要的一项工作。然而，就是这个“理所应当”的情况居然没有在这个钢铁部门存在。

前面列举的思维方式和习惯一览表中，不知读者们注意到没有，根本没有“客户”的字眼，取而代之的是“上意下达”。

迄今为止，该企业员工们的做法是在考虑客户之前，要先看事业本部部长的脸色行事。当然，事业本部部长应该先倾听客户的声音再做决定，但是可惜的是历任事业本部部长都不清楚市场信息究竟来自于哪里。

**2.员工同事间的信赖关系日渐淡薄**

安达信的上意下达是建立在信赖关系之上的，可是这家企业中，员工们之间的信赖关系是不存在的，本来企业中的所有人都应该是一起工作的同事。可是这家企业却根据自己的部门来划分，各部门间互不往来的气氛浓重。因此企业内部除了上司和部下间的上下关系，“左右”之间的沟通基本没有。在工作中，员工按照上司的旨意去干而缺乏“自己在干的当事者的意识”。

在所谓上下关系中，上司到部下的情报流通渠道存在，而部下到上司的情报流通渠道基本上是堵塞的。也就是说，“对话这种交流是不存在的，横向的关系中同样的对话交流也是如此”。

**3.推卸责任的感觉在蔓延**

由于一起工作的意识淡薄，企业中如果出现了问题，谁都认为不是自己的责任的现象出现了，自己只做自己分内的工作，出了问题那是别人的事，人人都这样想，一旦出现失误，不能正视现实的问题就显现了。

本来，出现失误时，最先需要明确的是问怎么会失误，而且要知道失败是成功之母。

然而，该企业却是另一番景象，一旦有错，无论是谁都会首先想到这是别人造成的，自己连动都不动。在业绩持续得不到好转的情况下，不检讨自己却始终认为自己干了应该干的而且干得挺好，只是由于其他人太糟糕了。思维方式如此之片面。

在这种状态下，问题一旦出现，则不能正视现实而找出原因所在。结果是成堆的问题始终得不到解决，企业中的不信任感和推卸感则不断蔓延开来。

### 4.管理层的意思得不到传播

在前面1—3中所述的症状不断扩大的情况下，由于分公司化的实施，新的事业本部部长和管理部长上任了。循着分公司化的轨迹，他们尝试新的做法，但是部下们却不能再直接听到事业本部部长的话了。

从事业本部部长的言谈中可以看出，他是凭着过去的成功体验和思路来开展工作的。对于他来说，上意下达并能理解上司的意思然后去做就完了，而是不管什么样的难题，能否胜任，只能不折不扣地照做。只要是管理层的意思，一线人员照着做就好。

这样的上意下达的组织，现实中就成了管理层的意思根本就到不了一线现场的组织。不管什么样的新任领导提出怎样的新思路，安排新的组合，其意图根本就传不下去，员工们肯定会这么想：弄来弄去还是说了白说，根本传达不下去。

这就是这种现象的可怕之处。

进一步来说，过去的事业本部部长，作为业务的一把手却不具备管理能力。当然，这并不是责怪过去的事业本部部长。

本来作为业务一把手的人，就应该把注意力全部集中在业务层面的五种资产上。这应该是作为经营者所应具备的最低条件。

然而，遗憾的同时，从过去来看，事业本部部长是从员工升上来的，而作为经营者的资质及能力是否具备的问题似乎没有被考虑过。另外，出身于技术或营销并取得成绩的人升为一把手的情况也是有的。

可是一个人在五种资产中的技术（物质资产）或者（客户资产）方面出了成果，与在五个方面都有能力不是一回事，所以他要有综合性的素质。

### 5.改革没有持续

该钢铁部门随着领导人的更换，新的政策也在施行。可是，在出结果之前，怎么也需要大量时间，这里重要的是“作为组织的持续性”。

改革一旦开始如果不能持续则意义全无。可是，如果大家都不具备“为什么而干”的共同目标，再加上出不来成果，那么政策实施的持续力和推动力就会削弱，结果就会形成自然消化的组织文化，然后，再随着领导人的更换而施行别的政策，就这样周而复始。这样的组织什么也实现不了就成为了现实。

2009年民主党取得了政权，他们把自民党执政期间同美国达成的有关冲绳普天间军事基地搬迁问题的协议“随性地”推翻了，结果冲绳当地和美国都对日本政府产生了不信任，另外政府内部也左右摇摆不停，所以总是抵达不到目标。这样的组织什么都实现不了。

希望读者们能回忆一下我们同那个钢铁部门第一次会议的场面。

“到现在为止干了多少次……”

“干到这份上还要干吗？”

“这样干确实不行，但要重新开始太难了。”

与会者的这些反应，都是在前述背景下形成的。

正是因为有上意下达这一关键词的存在，该企业所具有的结构性问题一个接一个地出现了。

> 如果能对企业的状况充分理解的话，“为什么会上发言的那么少”、“为什么部门间的讨论行不通”、“为什么害怕给上司提意见”等问题形成的原因也就全都明白了。

这样的企业文化将会一点一点地剥夺企业或在企业工作的人们的激情（组织资产）。而失去了组织资产，那么人的资产、客户资产以及金融资产也就失去了。该钢铁部门深陷的经营上的困境，就是这个原因。

## 夺回“激情”

我们在同这个企业接触的过程中，逐渐发现该组织中缺乏激情，而且，企业的员工们对于自己的企业缺乏激情这一点并没有注意到。

对此，我们就要反复重申：

激情是很重要的。

对待工作只要充满激情，企业的经营就会顺利向前。

激情支撑着企业的业绩。

该钢铁部门以前虽然同不少咨询顾问公司合作过，但我们提供的建议无疑令他们感觉独特。如此认真地大谈激情、热情的咨询顾问公司是没有的。

由于总是听到我们说这样的话，他们对我们，不知不觉中就这样称呼："热烈的家伙们。"例如，如果是新创业的公司，创业之初，多数新员工都是满怀热情去工作的。所以，大家都能热火朝天地工作，公司是有朝气的。

然而，像该钢铁部门那样处于衰退期的企业，情况是完全不同的。在100年的历史积淀过程中，创业时的激情还能得以保持的企业如果存在，也是凤毛麟角。**创业时虽然怀抱着高远的志向，但随着经营者或员工的更新换代的不断进行，激情也就渐渐消失殆尽了。**

但是，这并不意味着，在这样的企业工作的每个员工的热情也都随之完全消失了。

实际上，尽管热情地去工作，但由于生产方向有误而没有被发现的情况仍然存在。

例如，该钢铁部门的一位工程师在同我相识之前，居然和别人比赛拒绝客户追加要求的次数，工程师的优秀程度体现在如何拒绝客户的追加要求上。现在看来简直就是笑话，可在当时他们却是很认真的。

他们这样做的话，被客户抛弃是理所当然的。产品和服务卖不出去，钱也挣不到，最终什么热情都保持不了。但是，即使是这样，那位工程师却没有意识到如此恶劣的状况是包括自己在内的这些人自己造成的。并不是只有他自己如此，该组织内所有人都是如此。

## 找出赤字的原因

话说回来，为什么该钢铁部门的赤字不断出现呢？最有力的答案意外而简单。

该钢铁部门的员工们有点过多了。尽管随着计算机化的推进，这里依然存在着老员工将技术传给新员工，手把手地模仿以及看了才会等氛围，还有不计成本地拘泥于优质产品等现象。这样的拘泥于物的资产的现象不能说不好。但是，如果完全不在意从物的资产到客户资产的流程，将会怎么样呢？

该企业的情况是客户意识异常薄弱。客户认为50的强度就足够了，但这边却说：这样的铁不管什么国家或公司都能造得出来。随之拿出100强度了事。由于技术手段高，即使没有被要求的高质量产品也去生产，这是在增加生产成本。

许多人进入这个公司时都是“喜欢炼钢事业”，“想干一番大事”，他们当初都是满腔热情，可是这些热情到头来都是白白浪费了。

或者可以说，过去的事业本部部长根本不在意市场信息。历代的事业本部部长认为有销路而生产的产品与客户想要的产品之间常常是不合拍的。

钢铁公司这个行业过去的生产成本是非常高的。而另一方面，市场上，以便宜的钢板为中心的供给又是过剩的，稍有估计错误就会造成根本卖不出去的状况，并简单地出现赤字，最后无法消除进而形成恶性循环。

## 不良经营导致不出成果

再有就是组织运行有问题，由于员工基本上都是些单纯老实的人，因此事业本部部长说的话则不走样地接受，做这样的产品的指令一发，大家即刻认真努力地去做。

这样做本身并没有什么问题，可问题是一旦进展不顺，本应先考虑对企业来说重要的客户，但他们并没有这样做而是问本部部长“怎么办”了事。

大家辛辛苦苦好不容易做出来的东西卖不出去，或多少卖点，结局又是赤字出现。就这样周而复始。

**缺乏能力的领导依次就任并滥用违背经营原则的权力，会使企业陷入混乱。**实际情况其实很简单。

我不禁想起从前自己所在的那个新创企业。

该企业的风气认为“总经理是拥有特别权力的人物”，总经理这头衔就让人自然联想到会经营这一点。成果出不来不是因为总经理而是因为员工不好的空气弥漫在企业中。如果让我看，我认为并不是这么回事。

总经理这个角色说到底就是一个分派的职务，如果胜任不了这个职务那就等于做不了总经理应该做的事。然而，实际上没有能力的人却获得了同能力没有可比性的权力来经营企业。这样的例子不仅局限于这个新创企业，其他很多企业都存在。这样的情况更麻烦，因为这样的人物并不觉得自己不具备经营能力，所以问题就更大了。

另一方面，下面的人们在感觉到哪儿不对劲的同时仍然认为领导一定是有办法解决的，满足于按照无能的领导所说的去做的现状。

这样的组织应该是不具备出成果的理由的，只能出现企业内部疑神疑鬼、组织自身僵化的结局。

> 以出成果的思维方式和习惯为基础，从事良性经营，自然会取得成果。而以不出成果的思维方式和习惯为基础，从事不良经营，则得不到成果。这一点任何企业都是相同的。

# 通向改革的四种手段

从世界范围来看，日本的钢铁业界组织体系的僵化加重了其本身已非常痛苦的状况。

如前所述，员工数量锐减，从高峰时的5000人减到4000、3000，最后只剩下500人左右。伴随着裁员，工资也削减了。此外，中国、韩国的钢铁企业则加快了对市场份额的分食。在此种情况下，员工们的工作热情就没有了。在这种状态下迄今为止能够维持业务是因为钢铁部门作为总公司的一部分，其赤字是由总公司来填补的。

然而2003年4月分公司化实行后，自己不得不自食其力了。

实际上那时，如果问题明确化了，那么采取相应措施的话，就肯定能够取得成绩。我们在那个阶段，考虑到了对于该企业应该介入到什么程度的问题。

这里可分为几个阶段：（见图表8）

**1.参与改革过程的阶段**
**2.自始至终参与的阶段**
**3.参与制定战略的阶段**
**4.参与企业文化的阶段**

1~4之间究竟从哪里介入，实际上每个企业是不一样的。

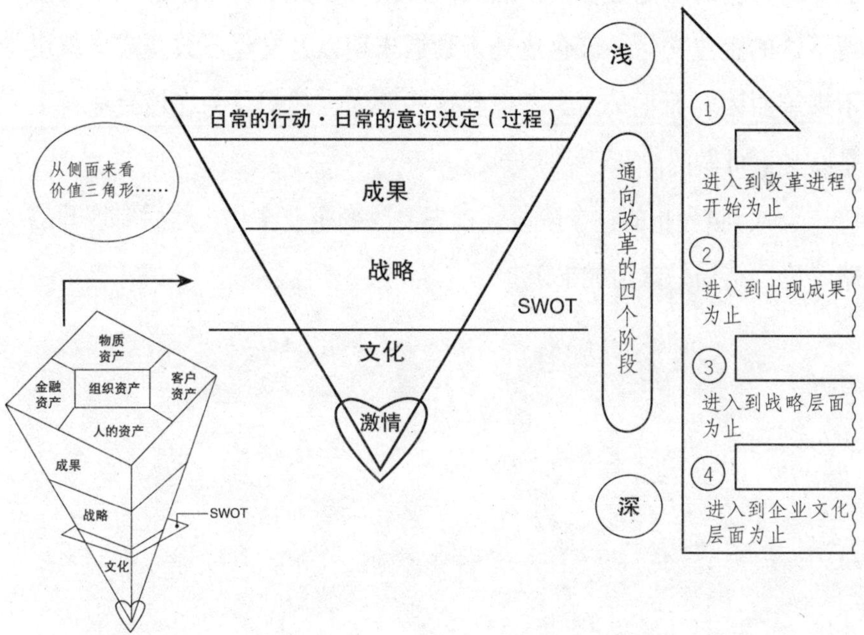


图表8　企业变化发生的四个阶段

例如，对某个企业来说，只能介入到1，这是考虑到该企业的文化包含着出成果的思维方式和习惯，在战略上能抓住该企业的强项和机会。在这中间如果抓住了现状的问题点，那么该企业相关联的过程的变化以及好的发展势头就会出现。

或者对别的企业则考虑介入到2为止，主要是因为在时间上没有多少余地了。

至于钢铁部门，我们决定介入到4为止，这是因为一把手具有认真的态度以及形成出成果的思维方式和习惯的素养。**企业存在使企业文化转变的可能性，只要假以时日就可以办到，问题的根源是上意下达的企业文化，该企业处于衰退末期以及文化不改变成果就出不来等原因**。而正是因为考虑到这些原因，我们认为在该企业身上是有文章可做的。

介入到4为止的这个阶段，首先要改变企业文化，然后要展开战略议论，结局是拿出成果。

## 企业文化可以改变

如果可以触及到企业文化，那就必然可以改变企业。这是一点不假的。

但是，如果真想达到企业发生变化的目的，那么之前是有很重要的前提条件的，那就是每个员工是否能够正视现实，是否真想发生变化。

这里根本没有给员工洗脑的意思。

只要帮助员工养成奋发向上的思维方式和习惯，什么样的事情都能做好，一旦做不好的话，其原因一定存在，那么就要找出原因，不放弃继续去做，就一定能够取得成果。

例如，如果根本不去考虑付钱给你的客户的利益，那你无论怎么经营都不可能有好的结果。反之，认真考虑客户的利益，提供客户寻求的优质的产品和服务，客户就会高高兴兴地掏钱给你。这就是出成果的思维方式。

经营情况好的企业都是这样，即拥有在事业持续发展之上充分实践的重要的思维方式和习惯。

我们提供的建议并不能够造就一个企业，而是充当那些真正求变的人们的助手，帮助他们形成求变的思想。**如果员工们每个人都具备了强烈的求变意识，企业就会成为当然的出成果的组织。**

员工们如果不具备求变的意识，那么无论怎么做都会以失败而告终。光凭咨询顾问的能量，改变企业是绝对不可能的。

对于这一点，希望那些真正考虑聘请咨询顾问来帮助推进企业改革的企业牢记。

而那些认为顾问一到就会带来好点子，只要照做，经营立刻就会有所改变的企业，一定会认为我们的做法是毫无道理、土里土气和惹人着急的。或者这些企业的人会不满地想："花了大价钱请来你们，到头来为什么还得自己干？"

或者，要求举出具体事例的企业也很多。具体的事例如果同自己的企业相契合，那么导入人家的做法应该说能取得好的成果。这属于认为答案一开始就应该有的企业。

但是，如此所发生的变化如果有，也是属于浅层的、一次性的，这是为什么呢？因为企业为了求变而形成的方法论是在同一个有着一个不同企业状况相适应的情况下而制定的。

仅仅偷食别的企业的成功果实的一部分就可以使自己的企业发生变化，并不是什么好事。

无论什么样的名医，如果身患重病的患者自己不抱有能够治愈的希望或者信心，是没有办法治好的，而且治疗的方法也是不可能包治百病的。患者的顽疾被治愈的时候，恐怕所有名医都会这么说："我自己没做什么，是患者自己治好了自己。"这同企业的情况是一样的。

实际上，受聘于企业的咨询顾问很少有机会触及到企业的文化层面，但是，企业文化不发生变化的话，企业是不会发生戏剧性的变化的。

后来，该企业利润率世界第一时，周围的人纷纷竖起大拇指，给予了很高的评价："真了不起！"然而，这并不是因为我们了不起，说到底是因为每一个员工面对眼前工作，充分发挥了内心的激情，努力认真地参与企业的变革而取得的结果。

# 第三章

## 只有激情澎湃的企业才能得以生存

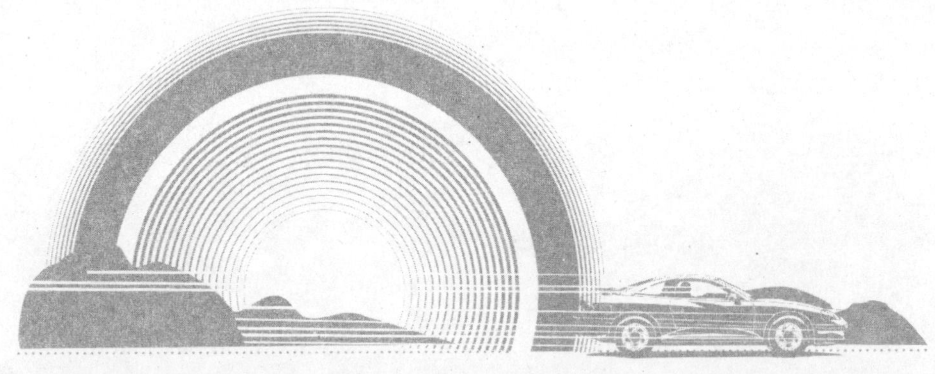

## 组织机构改革是渐进式的

在空气开始发生很小的变化时，为了使钢铁部门的组织改革更上一个台阶，无论如何，明确“什么可以被改变”是必要的。

要想改变迄今为止一直持续的不出成果的思维方式和习惯，即持有同迄今为止完全不同想法的人可能也是存在的。但是，实际上不是这样。

**首先，同不出成果的思维方式和习惯一样，出成果的思维方式和习惯也要被明确。然后，同不出成果的思维方式和习惯诀别，同时更进一步地思考出成果的思维方式和习惯并加以实践，在成果取得之前不断进行对错的试验，直到成果出现。**

该钢铁部门的情况是，上司的存在是绝对的，在执行上司的指示的同时（上意下达）要放弃自己的思维方式和意识，这就是他们的出不了成果的思维方式。而首先要改变的就是这个。

上司确实是重要的，但其存在不是绝对的。迄今为止，对于该企业来说，上司的存在就是绝对的，按照其说的去做已经成为常态。但是这种做法是否存在什么好的地方呢？是否在持续走着下坡路呢？完全照搬上司的旨意而采取行动的话，毫无疑问到头来都会以失败收场。可这些施政是现实存在的吗？

正因为如此，包括迄今为止的命令体系在内的上意下达的企业文化整体不得不被修正了。

如此的想法向员工们做了大致的传达。到了这个阶段，经过彻底议论过的话题，已经没有人表示否定了。

从现在开始重要的是“具体来说究竟什么能被加以改变，以及怎么能被加以改变呢”。性急的人就会提出诸如“听了上司的话并照着做了，可还是行不通，那么，从今以后上司的话一概不能听”等极端的意见。然而这显然也是不对的。

在这里我们明确要做的是以下几点。

1.总公司的存在是绝对的，是第一利害关系者。

2.无论怎么讲，要根据客户来开展业务。钱是由客户出的，而不是由总公司出的。

3.一起工作的人们及兄弟企业都是朋友。

4.语言交流从单行线变为双行线。

5.承认企业内部看不见的壁垒存在并将其拆除。

6.不是大幅、快速地变化而是小幅、慢慢地变化。

这些结论在这个时候是会得到广泛认同的，如果按照以上方法去做的话，为自己企业的文化注入新的活力也是有可能的。

## 理念和行动准则在现场形成

触及企业文化，具体来说，就是将自己企业的企业文化进行明确的定义并在企业内全面推广。

2003年3月，该钢铁部门将自己的企业文化分为“理念”和“行动准则”。

企业文化最重要的定义不是量的多少和内容的好坏，而是“我们应该相信什么并忠实地执行”。

该企业的这个理念并非若干年后将要实现的理想中的目标那样虚幻的东西，而是该企业只要存在就要永远适用的价值观。

通常，企业的理念或行为准则都是在生产一线毫不知情的情况下确定下来的，然后某一日突然颁布至生产一线，这种类型是比较多的。而这正是上意下达的典型形式。

但是在这种情况下，很多例子表明，这样的所谓理念或行为准则是不被一线所接受的。即使接受也是假的，表面上装装样子，敷衍一番了事，结果是什么变化也没有。

理念或行为准则本来应该充分浸透到一线，跨越管理和一线之间的樊篱，使企业的所有人共同享有。“上”随随便便将自行决定的东西传达到一线，而一线方面顶多以这样的方式予以接受：“啊，又是什么废话来了……”这样一来，特意做出来的东西，只能是浪费时间。

说到底，理念或行为准则，不是由管理层方面形成的，而应该是由一线人员经过思考形成的，因为只有一线人员能够接受的理念或行为准则，才能被他们负责地去实行。

事实上，该钢铁部门是从2002年10月开始到2003年3月为止，在现场花费了约6个月的时间才将自己企业的理念和行为准则制定而成的。

而“读好书”或者“揭公司的‘短儿’”等活动的最终目的都是为了明确自己员工能够接受的理念或行为准则而开展的。

一见面冷不防的就是“咱们来制定理念或行为准则吧”，是没有人理会你的。我们都是通过各种手段一点一点向前推进并达到目前这种程度的。

而在目前这种情况下推出的理念或行为准则，其内容或加或减，但其大的方向已经是明确的了。

**为了制定一线能够接受的理念或行为准则，有一点至关重要。这就是按照既定方针稳而慢地花时间向前推进。**

由一线为主导而制定的理念和行为准则，谁都不会持有异议。如果对于自己所想所创造并深信不疑的东西有所蔑视的话，那就如同蔑视自己的职业一样，进而就会陷于后退无路的境地。

面对深入到第一线形成的理念或行为准则，大多数人都会对此没有顾忌地开展大讨论，而这就需要两三个月的时间。

而且，形成的理念或行为准则通过这样的程序一个人一个人地渗透也需要一定的时间。然后再经过无数次地实践成为自己的东西，这才是每一个员工最初的理念或行为准则。

在一线形成的理念和行为准则，绝不是什么奇大无比的东西，说到底也就是发生在身边并且能够感觉到的小东西。

该钢铁部门自身确定并形成的理念及行为准则的基本内容如下：

★理念：超越客户的期待并持之以恒，同事们持续不断地成长；使客户笑容满面，使同事们热情快乐。

★行为准则：挑战，活力。

真正以组织改革为目的的行动就从这里正式开始了。

而且，该钢铁部门在自身的理念和行为准则确立之后，于2003年4月实行了分公司化，从此独自踏上了自己开辟的道路。

## “目标”很小，很小……

那么，理念和行为准则确立之后，接下来要做的就是胸中藏着秘密迈出坚实的一步。而这前进的一步一步正是同理念和行为准则紧密相连的。

然而，即使到了这一步，也应该避免大张旗鼓地行动，意欲达到的目标尽量小一点，容易一些。

如果大张旗鼓地行动，反而会使目标变远，因为组织内部实际发生的、好的变化即使正在发生也不易被察觉。

其结果就会造成一线员工们中间滋生这样的看法：根本没有变化，同原来一样，“这么干也没用”等。时间一长改革会被放弃也是可能的，在这种情况下，组织变革是不可能的。

所以，从“小而稳”一步开始就成为必要了。而且，这小而稳的一步终会积少成多而不断向前的。经过这样的过程，每个员工都会拥有贯彻实行理念和行为准则到底会是怎样的冲动，即“意欲亲身体会”的冲动。

这个钢铁部门也一样，在一线基础上确立的理念和行为准则，被每个人落实到了自己日常的行为之中，于是出现了以下这种情况：

1.赞扬他人。

2.同其他部门员工每周有30分钟以上的时间聊天。

这些都是足以令人发笑的内容，却是有益的。特别是每个人试着去实践自己的决定，这一点是重要的。

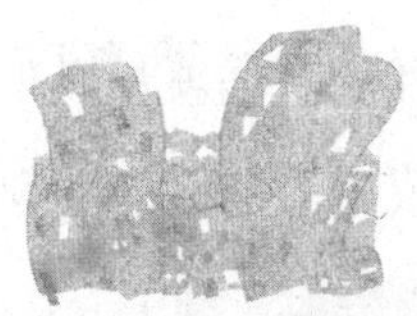

## “从赞扬开始”

**要想使公司的企业文化发生变化，最初要从小小的行动开始是其秘诀**。例如像该钢铁部门这样的企业，“赞扬”这一举动就足够了。

赞扬对方的结果，如果你能感觉到对方来找你聊天的次数增加或者团队工作中充满了活力，尽管确实是些小事，但你确实能感到组织发生了变化，这比什么都重要。

而且“赞扬”这一行为不可小看。

就赞扬他人这个命题，我们从core group选了十个人，花了一个月的时间并举行报告会，会上就实践的结果进行了发言。有位课长这样介绍了自己的感想：“我试着做了，但对方好像根本不知道似的。”对于他们来说赞扬别人的行为比想象的要难。

然而，他赞扬别人，别人不是不知道，紧接着，曾看见那位课长赞扬部下的，别的部的一位部长是这样发言的：“不不不。我在旁边看着就感觉到了有所变化，而且其兢兢业业的工作精神也传递了这一信息。”

这里并不关心具体的赞扬方法。仅仅是这样的对话就足以令人兴奋了，那位课长正是改变了自己以前的习惯并依据新的行为准则而开始挑战了。而且，他的行为被别的部门的部长清楚地看到了。

以前，在这个企业中，对于其他部门的行动，以这样热情的目光来观察评价并给予支持的情况是没有的。以前有的就是只在意上边的意图，部门之间互相牵制、反目，并且将对同业务没有直接联系的行动视为无用功。

像这样热情的目光，首先给了那个课长以勇气。**自己能够养成良好的习惯并以迎接挑战的姿态出现，周围的人们是可以清楚目睹的，也是被认可的。人一旦有了这种精神，就可以一心一意地向前看，一心一意地去工作并充满自信地去迎接挑战**。

对于其他部门的那位部长来说也是件令人高兴的事。自己观察到的，感觉到的被直接表现出来使报告会的所有与会者们所共有。这样的沟通联系是前所未有的。特别是，受到了评价和认可的课长的挑战精神得到鼓舞，他脸上洋溢着笑容。

确实是只有很小很小的变化。这一年企业的销售额和利润并没有向好的方向变化。领导及管理人员与其在会议室里耗时间，不如更多地注重于实际业务、生产产品、加强营销，这样一来销售额可能多少会有所提高。

但是，正是这种意识造成了迄今为止“不出成果的习惯”。应该说，目前的销售额确实重要，但更重要的是那些细微的东西。他们正是抓住了这些细微的东西。

从2002年10月开始，分公司化实行，新企业设立，半年以后，也就是到2003年4月左右，10人的核心成员改变了本来的僵硬，对来自他人的批评的恐惧感也渐渐淡化。自己的所思所想也可以在会上一点一点地达成共识，自己的发言也会引来其他与会者的活跃的意见。不管怎么说，这10人中间洋溢着“大家一起来使企业好起来”的气氛，并形成了最初的相互间的信赖感。

## 习惯的改变如肌肉锻炼

之所以这么说，是因为企业的理念和行为准则在最初实行时，毕竟是困难和辛苦的。他们所持有的对于组织改革的印象同我们之间是有很大差距的。

在他们的印象里，组织改革应该是大规模暴雨式的。言外之意，这也是没有办法的。他们时常有着这样的意识，不管怎么说一定要想办法改变现状。

然而，我们想要改变的是衙门式的那种无形的企业文化。为了这个目的，需要改变当前的思维方式和习惯。

在这样的情况之下，一开始就大规模、急速并且一眼就能看到的变化是不容易发生的。这种变化不是今天做了点什么，马上就能发生的。就如同肌肉锻炼一样，比如今日做了十个仰卧起坐，腹肌马上就呈现出六块，这是不可能的。

另外，这种锻炼是伴随着疼痛的。因为你要将多年形成的习惯舍弃再养成新的习惯，此过程中出现疼痛是必然的。当然，没有谁愿意这种疼痛一直持续下去。

但是，只要忍痛继续反复锻炼下去，在不知不觉间就成习惯了，而就在这时，成果就该出现了。

在企业文化变革过程中，一步一个脚印，坚持不懈地做实事才是成功的秘诀。

## 动摇及反复是必然发生的

慢慢的，慢慢的，他们开始发生变化了，从2003年春天到夏天的这段时间里，另外的一个动向也同时出现了。

“这么做真的能使企业发生变化吗？”

这种会议就像病人出院后的康复锻炼，有一部分人产生了怀疑的情绪。

但是，为了去完成难办的事，要先从简单处入手，并且要一边干一边来确认是否正确才行。

实际上，这是我在安达信时所积累的经验之一。只要真正拥有了新的思维方式和习惯，你就会激情四射，你就会产生这样的想法“真想自己亲自试一回”，并且真的会迈出实际上的一步。最初干得不一定顺利，但只要坚持并不断修正就能不断向好的方向转化。

进而在不断改善的情况下，你就会走上正确的轨道，进入到没有蛮干、没有浪费精力、没有情绪起伏的最高品质和最高效率的境界。而且，遇到新的思维方式和习惯的话，还能够以同样的方式武装自己。

这一点一滴的积累是重要的。自身养成的一个又一个的思维方式和习惯，可能也不是什么了不起的事情，但只要持续积累，复杂的东西也会极其容易地被掌握。

也就是说，复杂的行动应被认为是简单行动的集中。这样的话，无论多么复杂的行动都会被视为简单容易。

理念及行为准则也是一样，不是突然地、大规模地推出，而是从最简单的地方入手，拿简单的例子开刀，组织全体人员积累经验是重要的。

这就像一种游戏一样。他们将以前的、上意下达不出成果的企业文化抛弃，而携新的企业文化开始了冒险旅行。但是他们仅仅处于刚开始的层次。他们意欲远行，但途中有着太多的拦路虎，这肯定会损失掉许多成员来积累经验并提高层次。尽管新的理念及行为准则是他们最强有力的武器和盾牌，但由于他们是新手，使用起来还不能得心应手，所以，只能一边采取小的行动（如赞扬对方等），一边积累经验，就会不断提高。

但是，尽管如此，由于是比较啰唆的方法，企业上层人士都表示担心。就在这个时候，我们用激情作战法一点一点地向纵深推进。

但不管怎么说，企业文化一旦形成便坚硬无比，是不好改变的。长年形成的上意下达的习惯，在这样的企业中根深蒂固。而要使全体员工有自觉性，激情澎湃地去工作，是需要花费相当的时间的。

**绝对成功的保证是没有的，只有时间及经验的积累这一点是明确的。**

根据安达信及“价值创造公司”的经验，朝着这个方向前行，获得成果的感觉就会非常强烈。但这只是极具主观性的感觉。因此，我们面对他们的问题时只能这么回答：“尽管变得了变不了无法确定，但只要不忘宗旨，一定会有好的结果。”

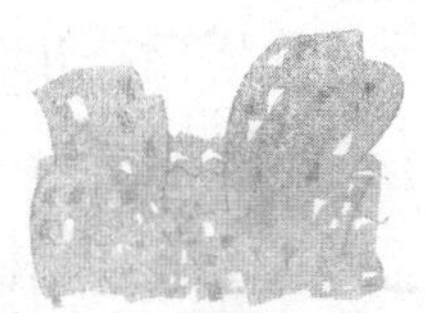

## 企业文化向加点主义转变

这家钢铁企业最大的负面文化就是上意下达。除此之外，减点主义、内向消极、等待指示、军事化、不放权、官僚性以及冷漠等各种各样的负面因素也大行其道。

尽管员工个个都是优秀的，可企业在竞争中总是败下阵来，而且赤字不断增加。

假使虽然表现不佳，但在其中应该能够发现同下一个成功相连的因素，可该企业仍做不到这一点，只是找出其原因并在会上反复加以批评。

不能指望该类组织的活性化。所以，我们考虑到了从减点主义到加点主义的变革。而针对于这个钢铁企业，则是要先从赞扬他人开始。实际上，赞扬这个行为是从减点主义向加点主义的第一步。

然而，说起来简单，可是对于那些迄今为止没有赞扬部下或同事的经验的人来说，究竟去赞扬别人的什么地方和怎样赞扬，他们是不知道的。如果你不信，你可以自己试试看。

例如，某件工作必须在某日前完成。当然，如果如期并圆满完成，那就应该予以赞扬。可问题是，如果完不成或完成得不好的时候会是怎样。如果放在以前，答案肯定是“当然不能表扬”。

那么遇到这样的情况时，正确的做法是什么呢？应该是具体情况具体分析。例如：铁矿石在高炉熔化，在制成产品的一系列作业中，“热情大声地招呼和鼓励”以确保安全的措施比其他高炉更严密等。**让他们感到在正常的工作中也存在着值得赞扬的地方，能够发现并运用这一点，这就是加点主义**。

赞扬别人看似简单，实则并不容易。这一点从搜集到的员工们的记录所述种种苦衷可以看出。例如，对于赞扬，对方根本没有反应。因为迄今为止自己被迫接受并厌恶的上意下达，也是由自己向部下施行，突然间变为赞扬，部下们仍是很难作出反应的。

但是，只要你坚持耐心地反复实践，一点一点积累，被赞扬的对方就会发生变化。其间，“比以前来交流的次数增加了”，“赞扬使组织各方面出现生气，周围的气氛明快了”等反应传递到了我们这里。

只要看到了对方的反应，那么进入到下一阶段的意愿也就萌生了。于是我们就听到了这样的意见：赞扬之后应该对员工进行自主性培养。

## 部门之间的人员可以谈论工作之外的话题

像这样的赞扬行为先在自己的部门内进行，如果效果不错，那么就应该向别的部门建议进行跨部门之间的交流，而且应该设立这样的目标：“同其他部门的人进行工作内容之外的交谈，每周30分钟以上。”迄今为止，本部门内的交流虽在进行，但却是非常困难的，而要同其他部门进行交流，其难度恐怕更大。

“结果究竟如何呢？”

“只同认识的人说话。”

“结果是只谈工作的事。”

“就这些。”

但尽管这样，只要参与交流的人一个个增加，慢慢地就会有更多人来接近你了，而迄今为止的上意下达、单向交流、无视一线等负面文化中就有新的文化加入了。

然而另一方面，“光是赞扬不会令对方发生变化的”，“工作内容之外的闲谈是在浪费时间”等负面意见也出现了。但这很可能是因为谈话的方法没有掌握好。

关于表扬，即使对方的一项工作失败了，他在这项工作中肯定也有某一点是值得表扬的。**对于这一点要充分地进行表扬，让他知道“通过改善，还是会进步”。如果他有改善，再进一步表扬。同时向他指出其他需要改善的地方。依次反复。**

> 如果组织变革在进行时有10个点必须要加以改变，而你一鼓作气地想将其全都改变的话，反而哪个也得不到改变。因此，首先要有无论如何也要使其发生变化的想法，然后挑选出非改不可的一个地方，告诉对方，这是很重要的。

如前所述，理念及行为准则的思考用了半年左右的时间，之后分公司化又用了将近一年的时间。这使得失去激情的钢铁企业的组织康复一步步慢慢地进行着。

## 13%的变化将导致全局的变化

从2003年的春天到夏天，我们和10人的核心成员一起全力以赴地进行着一系列的工作。

然而，在全力以赴的过程中，不同人员之间的区别开始显现，也就是说有人能跟得上，也有人跟不上。但是不能说跟不上的人就不行，同一组织中的每个人是不同的，两种人都存在是很正常的，跟不上的人也不要过于勉强。

**10人中间假设有6人是跟得上的，剩下的4人是跟不上的，可以以这6个人作为改革的核心，在组织内部起宣传带头作用。**周围的人们听了这些核心人员的话以后，就会受某种程度的影响。组织内部各个部门中间可以被称为同志的人就会一点一点地增加。

这当中重要的是，上述情况在继续并广泛扩展中，之前那些跟不上的人中间也会逐渐向跟得上的人靠拢并加入。

在该钢铁企业发生的组织变革的趋势，在分公司化开始后的一年左右时间里，虽然缓慢但一点一点地向前推进。

变革中，只要有13%的人发生变化，那将导致全体的变化。这一说法是以前几本关于管理的书中所提到的，实际上也确实如此，这同我们在企业改革现场的真实感觉是一致的。

如果将整个企业的意识当作大的变革，将因为目标太大太远，不敢迈出第一步，但是，如果认为有13%的改变就可以了，那么会觉得容易而产生信心。

## 剑拔弩张的会议

然而，企业文化的改革绝对不是一帆风顺的。

2003年10月左右的某日，正当我们开始感觉到该钢铁企业的激情有所回归之时，管理部长提出："有个部门对企业理念和行为准则持极端否定的态度，能不能就此开一次会？"

由于我们要尽可能地满足类似的请求，所以这个会议召开了。

除了总经理、管理部长以及最初召集的10人以外，我们同其他与会者没有建立起直接的关系，因此会议的气氛是非常紧张的。他们对我们带有明显的敌对情绪。

会上，我就企业决定的理念及行为准则做了进一步的解读，并对与会者的工作内容做了轻重缓急的划分。这样一来，与会的一部分人态度变得更加强硬，令人觉得已经达到了临界点。突然，其中一个领头人甚至发出了怒吼：“你们到底是什么人？到底想干什么？”

人，通常是行为合理的一种生物。而像这种在企业官方会议上毫无节制地大喊大叫的现象，世间少见。然而，在这里他应该是有某种合理的理由，因此才吼将出来。

当然，在这种情况下，我们肯定是没有好心情的。然而，如果我们针锋相对地予以回击，将使局面进一步恶化，而好不容易才推进的改革就有可能夭折。另外，这难得的积累经验的机会也将失去。

正是能够坦然面对对方的怒气这一点，使我们相信我们是能够循着这个企业的理念或行为准则的轨迹而行动。拿这个钢铁企业来说，我们应该认真倾听对方的倾诉，并认真考虑双方的分歧点到底在哪，并可以进行争吵般的议论。

当然，在被怒吼的瞬间是必须冷处理的，也就是不能针锋相对，随后冷静地思考一下：“为什么呢？对方为何会如此激动呢？对方所说的合理性究竟在哪里？”这时你就能找到可以理解的地方了。

过后才知道，对于他来说，以前为了组织改革也同样聘请过咨询顾问，而那些顾问们高高在上的姿态，近乎训斥般的口吻令人非常不快。

“部门业绩上不来是你领导能力不足所致。”

“这样的成本感觉令人无法理解，缺乏责任心。”

“目标利润与实际利润之间的差距不明。连这点都不知道，就是不称职。”

诸如此类的指责迎面而来。

在改革进程中，这样的抗拒行为出现不足为怪。但是，类似的麻烦无法在事前避免。虽然被人吼很不愉快，但如果冷静地分析一下究竟是什么样的原因所致，你就会发现对方如此行为的理由，进而找到解决问题的突破口。

这一做法不仅仅限于咨询业界，所有的经济活动都是由人与人之间的关系所导致的，而其中产生麻烦的关键之处，也正是解决问题的关键之处。

有能力参与企业改革的核心成员们，在争取到希望改革的同伴后，还可以用同样的方法将那些和我们有同感的人们广泛散布到各个部门中去。剑拔弩张的会议的大幕即将开启。虽然前途艰难，但大家各自怀着一股热情并认为变化终将发生。会后数月我们还听说，以这次会议为契机，发生了两件令我们没有想到的事。

其中一件是，会上曾怒吼过的那个人同核心成员中的一人凑巧一起干活了，此后他发生了令周围的人吃惊无比的转变，“由一个完全赶不上趟的人转变成一个积极肯干的人了”。

另一件是，与会者中的一人，被我们的表现所感动，相信企业的认真态度，主动地行动起来了。

真可谓立竿见影。

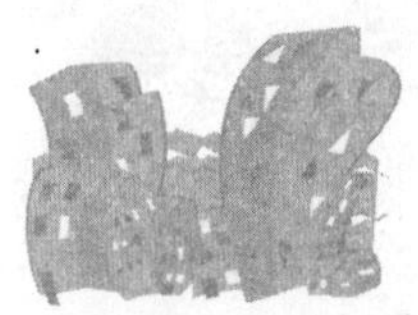

# 不是什么时候而是今天就来实现

对于组织改革来说，重要的是持续。一旦开始，就不能停下来，正所谓“开弓没有回头箭”。然而，持续进行了一至三年却又停下来的例子也不少。停下来的理由大致有两个。

1. 怎么干似乎也没有任何变化。
2. 已经作了不少努力了，也该歇歇了。

实际上，该企业过去尝试过各种各样的改革，最初的一年还能持续，但其后便不知不觉地停下来，最后不了了之了。

究其原因，不是1就是2。

许多企业在推行理念或行为准则时可能都遇到过同样的情况。

但是对于我们来说，推行理念和行为准则不只是今天、明天、后天的事，只要企业存在，就要永远干下去。

说到理念，人们大都认为是“有待实现的东西”，而在实际生活中可能永远无法实现。

但我们的想法正相反。**理念今日可以实现，明日再实现一点，后天则在前一天的基础上再实现一点。十年后你就会吃惊地发现实现了很多。也就是说，我们认为理念和行为准则在日复一日地继续，一点一点地实现。**

据此，首先要创造实现理念和行为准则的状态。理念和行为准则的实现是没有尽头的。这样思考的话，就会明白，理念和行为准则在实现的过程中，很快出现令人兴奋的变化是不可能的，但可以感觉到正在一点一点发生变化。

## 文化之后开始战略议题

2003年4月，新的企业在新的理念和行为准则指引下诞生了，并且以核心成员为中心开始了理念和行为准则的实践。我们参加了必要的会议。

2003年10月左右，战略议论悄悄地在企业内开始了，最初，也就是大约20人左右的员工参加。由于与各部门的利益相关，不光有总经理和管理部长，其他部门的部长也参加了。

当初，关于企业文化的会议召开时，仅有10人左右的规模。尽管是最初的一轮，也涉及了有关战略的具体议题。

但是，虽然后来规模扩大到了20人左右，可后来的人跟不上议论的节奏，距离感和温度差明显存在。议论过程中不是意见相左就是什么意见也没有。当然了，由于迄今为止已经习惯了上意下达的模式，出现这种情况也属正常。

“为什么到了现在才不得不考虑自己的战略？”

“这些最多就是个原则或方针，算不上战略。”

实际上有如此想法的人不在少数。

**然而战略议论的目的不光是在战略层面上，而是要通过议论这种方式将企业新的理念和行为准则浸透到组织内部**。所以，在战略会议上当众提出“为什么到了现在才不得不考虑自己的战略”这一朴素直白的疑问，对于我们来说是值得庆幸的。以此为契机，在企业全体人员的范围内，新的理念及行为准则得以确立，并进一步在该钢铁企业全体员工中间思考战略问题。

“刚才A先生说‘为什么到了现在才不得不考虑自己的战略’，我对此表示赞同。为什么现在我们在一起议论诸如战略这样令人困惑且麻烦的问题呢？”

“这……这是因为战略是必要的。”

“可是，战略为什么必要呢？”

大家都不做声了，半晌，有人开腔了：

“新的理念说，要持续不断地超越客户的预期，可我直到现在还弄不清楚谁是客户。所以请告诉我究竟谁是我的客户。”

诸如此类的发言令我有“正等着这些呢”的感觉，我于是朝他们这样问道：

“正如您所说的那样，贵公司新的理念确实是要持续不断地超越顾客的期待。但是，究竟是‘谁的’‘什么样的期待’由贵公司不断地超越呢？哪位能就此赐教呢？”

大家一片沉默。

然而，这是好事。

这样的议论只要发生一次，与会者们就能知道，自己竟然连应当知道的事也不知道。而且，通过这样反复的议论，与会者们不但能意识到战略到底是个什么东西，而且也能够理解实际上战略同理念是始终一致的。

进而，这样的战略议论超越了部门的界限，成为以前钢铁企业不可能有的超越立场及部门的出现热烈发言的横向会议。而这正是新的行为准则的具体实践。

就这样，通过战略议论可以达到行为准则的充分渗透。

在这样的会议反复进行的带动下，组织中的变化徐徐出现了。初期的变化不是三个月或半年等短期内就能出现的，而是需要数年的时间，虽然是艰苦的过程，但总有一天，该钢铁企业会成为一个每个员工都能发自内心认真思考的企业。那时企业内部的文化或战略能互相交流，大家能自己决定企业的命运。

不管怎么说，坚持能转变为力量。

## 公司真正的优势是什么

类似的活动是为了加强企业的优势。其中，对于企业来说，对最大的机会下定义就成为可能。这里最初出现的便是战略。这个顺序是不能搞错的。

我们给战略下的定义是“可以产生企业的优势”，把握最大的机会并指明企业的方向，而表现企业的优势的则是由理念或行为准则产生的企业文化。

但是，企业也是存在弱势的，例如，从该钢铁公司来说，其土地及设备的规模较之与其竞争的其他企业明显处于劣势。

对待弱势有两个方法：

其一，为了弥补弱点，行为准则持续不断地实践将会一点一点使弱势转为强势。

其二，避开自身的弱点，用自身的强项来取胜。

对于这个企业来说，土地及设备的制约因素虽然说是弱项，但反过来说也可以找到机会，就是把自己参与竞争的市场范围缩小。具体来讲，就是专攻车体钢板，舍弃薄利量大的普通钢板部门。

实际上，汽车车身所用钢板必须符合两个相反条件，即“强度高”、“重量要轻”。不但要在不会断裂的情况下加工出各种复杂的形状，还要在万一发生交通事故时吸收撞击所产生的能量。

这样高品质的汽车所用钢板的制造，需要非常高的技术，而该钢铁企业正拥有世界最高水准的技术。由于产品的高附加值，价格竞争的情况是不存在的。

但是，也正是由于这个原因，成为世界上最高销售额或世界第一生产量的理念就不适用了。因此，倒不如干脆放弃这个目标，而树立另一个目标。

而他们正是这样做的。他们将目标指向了汽车用钢板这一特定市场，而且是世界上要求最为严苛的日本汽车企业。他们要争取成为日本汽车企业最信赖的车用钢板提供者。有可能大量且稳定地提供世界最高水准的汽车用钢板就是他们的优势，而他们追求的就是，员工们热情高涨地持续超越特定市场客户的期待，使客户们脸上常常挂着笑容。

目标不是要成为世界最高销售额的企业，也不是世界第一生产量的企业，而是要成为某个特定市场世界第一使客户笑逐颜开的企业。

为了使这样的理念得以实现，发挥企业的优势并抓住机遇就是我们的战略。

在持续超越客户期待的理念中，以下两点很重要。

1.谁是客户？

2.持续超越客户什么样的期待？

这两点如果弄明白了，就同战略挂钩了。而这也正是该企业的员工们要求明确理念的目的所在。

向特定的市场也就是汽车制造业提供他们迫切寻求的高品质钢板的战略一旦确立，该钢铁企业的理念同战略之间的一贯性也就产生了。

这里重要的一点，就是他们的竞争对手的大多数不是无视这样的方法，就是想做也做不了。汽车用钢板的需求确实太大，但是，将那些泛用品，例如，工地用的铺垫钢板、钢轨等广泛应用的钢铁产品削减舍弃谈何容易。另外，在以廉价为优势的中国等国家的钢铁企业，小规模的制造厂主要是以低端产品为主，像该钢铁企业这样能够生产高品质的汽车用钢板的企业在世界上是有限的。

**发挥自身优势的战略，使得自身的优势得以确立，同其他企业的差距就会显现出来。**

该钢铁企业并不是仅仅提供高品质的汽车用钢板，他们还同汽车制造企业共同研究，开发并接受对方的提案，向着生产令别的企业望尘莫及的独特而更加先进的汽车用钢板的方向迈进。

就如同我们一头扎进他们的怀里，仔细而彻底地倾听他们的心声，而他们则扎入汽车制造企业的怀中不遗余力地寻找发现他们需要的钢板。

和我们一样，他们也是从“反复倾听”开始的。拥有最高技术力量的企业，只有在找到了自己应该走的道路后，才能充分发挥他们的技术。

作为客户的汽车制造企业满意了。世界范围内的竞争进入了白热化。新的时代要求高度节能性和安全性，如果没有符合要求的钢板，用户所要求的高性能的产品就无法提供。

这便是该钢铁企业必须拥有的战略：明确地区分“什么该做”和“什么不该做”。发挥自身优势，这对于该企业来说是好的战略。

## “当然的事就要当然去实行”

随着成果终于显现，他们也终于理解了价值三角形的真正意义。但是实际上，成功体验的积累并不等于胜券在握。

仰视上司的习惯被抛弃，目光投向客户，提供客户真正喜欢的产品的文化（行为、习惯）形成了。进而再形成超越客户期待的理念。这番努力终于结出了果实。

**技术转化为生产力，最终生产出客户所要求的产品，谁都会赞同，这就是正确的思维方式。**

今后，这种战略只要继续就好。

“这是当然的，还用说吗？”你可能会这样认为。但是如果我再问，这个当然的事，在你的企业中做到了何种程度？不但是你，你的企业的任何部门直至每个员工都将这个“当然的事”当然地去贯彻实行了吗?

当然的事情，没有当然地去做的企业为数众多。而且“当然”的标准，对于每个企业来说是完全不同的。

> 当然的标准，对于高标准的企业来说是“当然的”，而对于标准低下的企业来说就不是当然的了。

## 两年间的变化及课题

时间过得真快，从2002年10月“工程”开始进行两年后，2004年11月16日，管理部长来到我们价值创造公司办公室，参加回顾两年历程的会议。内容是：

1.回顾两年来的好恶变化。

2.回顾两年来的消极现象。

3.今后的对策（创造价值的期待）。

当时每个人的会议记录如下：

1.好的变化

a.尽管还属于少数，发表意见的人在增加

b.会上发言的人出现了

c.尽管少许，但限制在变松

d.交流的情况增加了

2.负面印象

a.理念或行为准则没有深入渗透——困难在哪

b.职场看不到希望——上层的危机感过强

c.上下级的距离感加大——总经理和课长之间

d.下一代的管理者候选人是否需要加强创造性

e.受到母公司意向和方针的牵制

f.计划与实践的背离——出不了成果

g.大家感到疲惫打不起精神

h.没有被表扬过（没有这种气氛）

i.感觉没有任何变化的人有很多

j.太老实，“缺少敢做主的人”

3.期待创造价值

a.迄今为止一把手所做的事，延续至继任者

b.支持开展教育

c.与其他行业交流

d.战略及KPI（重要业绩评价指标）的定期监控

e.业务、会议的研究论证

其中，我们所关注的是上下级之间的距离感加大——总经理和课长之间。因此，下一阶段，也就是从2005年4月开始，进行超越部门的阶层的研究。

最初从课长级开始，然后依次是系长、班长到一线现场进行研修。每个级别运用企业的理念、行为准则以及战略将自己的工作进行整理。然后找到工作中各自的不满或困惑，大家在一起议论。

## 真正激情澎湃的家伙们就在公司里

在对各个级别的研究过程中，渐渐的，企业内部的状况能掌握了。

有一天，针对课长级别的研修刚完，管理部长开腔了。有位30来岁主任级别的员工由于听到了有关研修的传闻，说想同我们一起喝酒去，不知我们意下如何。

我们对此非常欢迎。于是，我们叫上管理部长去了他们想去的一家中华料理店。这家中餐馆对于他们来说就像是自家的食堂，是令他们无拘无束的地方。

在那里，大家一边吃喝一边聊，渐渐的，彼此间的那道墙好像消失了似的，大家畅所欲言。

“为什么你们‘价值创造公司’要拯救我们这家企业？”

“你们想怎样做来改变我们这个企业？”

“你们说是变变变，明明啥也没变？”

他们提出各种各样的质疑。

可以看出，大家都是满腹不安。随后，他们接着发泄的都是对上司的不平或不满。

我们认为，大家在一起吃喝中所议论的内容，应该有一把手和管理部长的参与，这样想着便向总经理及管理部长表明并反复地议论。

例如，某人提出了这样的意见，他认为虽然同别的部门的人进行了议论，但没有白板就不能很好地进行议论。这样的问题看起来有些琐碎，但也不无理由。重要的是，他所说的“虽然同别的部门的人进行了议论……”这一点，毕竟是开始议论了。对于我们来说，一幅白板就能超越部门界限促成相互议论真是太划算了，这不是酒后的胡言乱语。日后，我们向管理部长提出建议并买了回来。

提意见的那个人以及他周围的人见此无不感到惊讶。他万万没想到自己的意见能够被采纳。下一次的议论中，参加者将会更加真诚地说出自己的心里话，这一点不容置疑。

不光是我们，员工们实际上都觉得心里热乎乎的。

我们在微醉之中大体上都是在议论这些问题，“为什么加入这个企业”、“对什么感兴趣”、“想做什么”等。而正是这些议论使我们的激情传递给他们，而他们也变得充满激情了。

最初，他们也都是怀着各自的热情进入公司的，这种热情一旦复苏，不少人都这样说：“已经好久没有进行这样的议论了。”能做点什么的预感出现了，同时人们眼里闪着兴奋的光芒。

然而，一两个月后再见他们时，严酷的现实使他们的精神头变小了。于是我们再一次相会于中华料理店“Let’ s go”。

听了他们的话，将问题整理归纳并给出建议，于是，他们眼中的光芒又开始显现了。

例如，有人谈到与上司的关系时，抱怨自己努力去做但直属上司就是不买账，实际上他所做的事和想法不但对他自己的部门有益，而且对别的部门也同样有益。但是他只把自己的想法局限于他本人同上司之间的交换意见。

了解了这一点后，我先向他提出建议，建议他把自己那个好主意提供给那个明摆着能够受益的部门领导。我对那个部长非常了解，我能想象他如果听到了这个主意，一定会做出愿意干的反应。

“你这个点子我还没想到过，不过，确实有必要试一试，我做做看看。”

他说着从会场离去。当他说“我做做看看”时，他的眼睛里闪烁的是充满主动精神的光辉，而不是接受了谁的命令才去做的反应。

就这样一点一点，逐渐地使洋溢着激情的思想开始扩散开来。

如果拥有这样的热情，这个企业的崛起指日可待。

可以触碰到沉睡于这个企业底层员工激情的我们，本着认真而稳妥的精神将该企业带向“能够激情澎湃、快乐地工作的组织”的目的地。

## 来自年轻人的不拘形式的压力

由于各种各样的会议、研讨会的反复召开，企业文化在一点一点地形成，战略探索也在进程中。尽管令人有些意外，但实际上在整个过程中，最热心的当属该钢铁企业的年轻人。

通常的情况是，为了进行企业改革而进行咨询指导是以总经理或高级管理人员的意识改革为中心的。

对于该钢铁企业，我们也同样着眼于管理层的意识改革。但是，在2004年至2005年这个过程中，该企业以30岁左右的年轻人为中心的阶层令人意外地同我们有了强烈的共识。

部长层次的干部们除了在立场上有不得已之处以外，多数都是追求短期利益的人。他们不可能完全接受我们那套“**改变企业文化并充满激情地工作**”的理念。而且，从年龄层面来说，他们也大都持有“在所剩不多的工薪人生中，不要找麻烦就好”的想法。

部长之下的课长，相比部长其层次虽然年轻，立场也比较柔软，但同年轻人相比已是成熟的工薪族了，也不那么容易转变。

因此，不能蛮干。我们把注意力放在了同各种各样阶层反复对话上面。在此过程中我们发现，课长层次以下，主任们中间，积聚着对企业的严重不满。但是，虽心有不满，他们的动机都是好的，由于令人讨厌的上司的存在，他们先将不满藏在肚子里，只要时机一到，无论什么时候，对于自己的企业都有敢于将肚子里的话一吐为快的气概。

年轻人同企业一起成长的道路将是漫长的。**如果企业不朝好的方向发生变化的话，将来他们自己的生活是会发生困难的。所以，他们没有理由沉默不语，也正因为如此，他们意欲改变企业的愿望的强烈程度是部长层次不能相比的**。

企业现在就面临着这些年轻人的压力。具体来说，虽然未见成果，但却出现了一群快乐工作的人，而他们又对整个企业形成了有益的影响。

企业虽对此动向持否定态度，但还是接受了，即“只要是自己相信的事那就彻底地做下去”这一现实。在他们给予理解的瞬间，战车启动了。

首先，在企业一角的会议室里，宣传站形成了。年轻人对部长们提出“希望有自己能够集中的场所”，实际上他们是想拥有能说真话的地方。

在企业内部，由于周围人们的存在而不能直白地表达自己想法的年轻人大量存在。另外，不善于言谈，但又想说的年轻人也为数不少。

就这样，年轻人的集合场所开辟了，在那里大家都饶有兴趣地集中在一起并就各种各样的问题进行议论，这种机会是以前根本没有的。

通过加入宣传站的年轻人的关系网，部门之间无形的那道墙倒塌了。

宣传站房屋被涂成了蓝色。蓝色是可以促进人深入思考的颜色。这正与对企业的未来进行深入思考相适应。就这样，到晚上十一点以后在那里仍可以看到年轻员工活泼议论的身影。

另外，与蓝屋的出现几乎同时，“VC之友俱乐部”也诞生了。所谓VC即“价值创造”的略语。当然，这完全不是在我们的命令之下形成的。而是在某位有高见的员工的提议下自然而然结成的组织。这个人正是参加过那场剑拔弩张的会议而成为我们“粉丝”的人。

虽然，“VC之友俱乐部”在活动了两年左右时间之后便不存在了，但由于带动了周围很多一线员工也参加了类似的活动，造成了不小的影响，其意义是大而深远的。

到了这一步，真正的意义是，企业中手拉手的人增多了。“手拉手”就是指通过自己的联合来使企业得到良性发展的做法。使企业变好也罢，变坏也罢，不是由经营者说了算，而是由自己说了算的感觉萌生了。

数年之后，有个30多岁的年轻课长，回顾当年的情景，颇为感慨地说：“那个时候开始，有事业就在自己手上的感觉。”对他来说，从前他就是连做梦也没有想过企业的事业在某种程度上能够受自己影响。而且，自己完全有可能做成大事的想法就此产生了，接下来干起工作来感觉到真是快乐无比。不光是他自己，大家似乎都打算“为了总经理也要做点什么”，“为了感谢企业对自己的培养，希望做出成绩来报答企业”。持有这种真诚想法的员工出现了，而他们的出现，自然也就影响到了周围的人们。这样的局面形成后，企业便明显开始改变了。

正如前述那样，13%发生变化，企业就会发生变化。全部员工都发生变化是比较难的。全体的13%发生好的变化，就足够使企业的面貌发生变化了。而此时的企业已远远不止13%的人改变了。

## 一个新的危机

就这样，正在我手心发痒、干得正欢的某日，总经理和管理部长来电说，找我有事商谈。我就像通常那样认为一定是现场又出现了什么问题，需要找我进行交流梳理即刻赶去。同总经理及管理部长相向而坐。寒暄一阵后，总经理说出了令我毫无准备的话。

“是这样，最近总公司发话调我和管理部长回公司工作。”

听到这话的瞬间，我感觉有点发懵。

我的脑中“我们这是最后一场经营战役”、“单程票”、“不达目的决不罢休”……迄今为止从总经理和管理部长那里听到的话一一闪过。

虽不了解事情的原委，但既然是已经决定了的事情，谁也无法改变。

对于只关心这个企业改革的我来说，二人被总公司召回是非常痛苦的一件事。但是从集团整体来说，正是由于二人作出了不凡的业绩才能有这样的际遇。从这个角度来看，应该说是件喜事。

由于我是属于心里有事就会显现在脸上的人，恐怕我当时的表情是非常难看的。

最困难的一点是，如何向迄今为止奋斗在改革前线的人们解释才好。

然而，在这种场合，不管怎么说，还得面对现实。也就是说，对我来说这件事让我吃惊不已。二人的离去让我痛心，但到现在为止进行的改革绝不能停止，必须一直向前，而改革的手段或方法没有任何改变这一点也必须传递出去。

## 新任总经理的决心和改革的继续

继任的总经理就是一直任营业本部长的A先生。

在迄今为止的会议中，同A先生有过好几次的见面。A先生给我的印象是，由于他长期在海外工作，在会议上能够开诚布公地说出自己的想法。另外，他儿子是一位有名的音乐家这一点也比较有意思。能够培养出这样儿子的父亲会是怎样一个人呢？在工作上又会有怎样的不同？我对此是饶有兴趣的。

尽管如此，今后的进展是个什么样的局面，我对此感到担心也是事实。

总经理就任后的首次会议上，A先生说的话令我至今难忘。

“企业的理念和行为准则制定的时候，我由于身在海外，没有直接参与其中。然而，这个理念和行为准则的实行取得了很大的成绩，我一定会同诸位一起将这个理念和行为准则在企业内进一步地贯彻执行。”

说真的，这番话使我差点流出眼泪。

实际上，A先生确实在此之后于企业内推出了“头脑风暴”会议这样一个集思广益的平台。

对于我个人来说，总经理的交替的时点是最大的危机。为什么这样说呢？因为迄今为止，新任的一把手常常是依据自己的意愿来改变经营路线的。所以，对于这位总经理的经营方针没有任何变化这一点是我要深表感谢的。

## 于是，出现了光明

请看图表9（见下页），这是该钢铁企业营业利润率的变化情况。2003年新企业设立以后，改革在进展之中，但实际上利润率是在下降的。但是从2005年开始，营业利润率转为增加。也就是说，2005年是个分界点。

看了这曲线的形态，你没有想起什么吗？是的，这就是前面介绍过的“J曲线效应”。

作为金融资产指标的营业利润率虽然见底，但2005年用组织资产、人的资产以及客户资产等看不见的资产的观点来看，显然是曙光初现之年。这个事实非常有趣，因为同自己公司所经历的虽然时间不同，但变化的步调基本相同。

所以，从我们的立场出发，迎来2005年之时，该企业可以说已经完全好转了。当然，在这个阶段还没有出现成果，但企业已经向好的方向转变了。

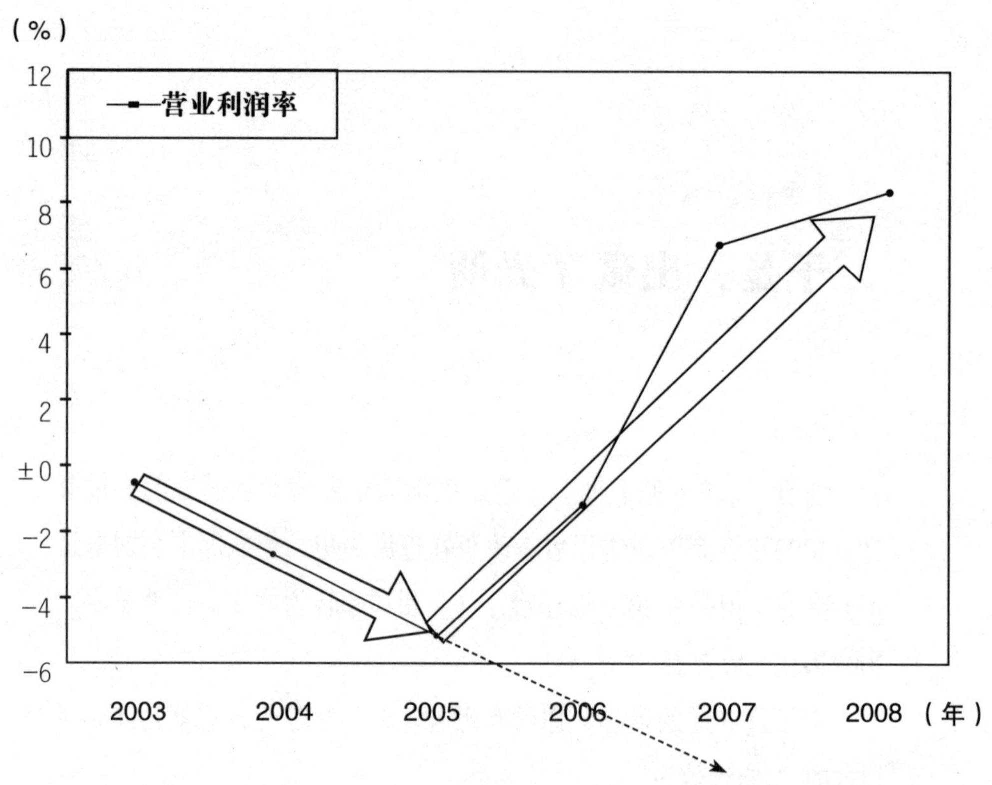


图表9　钢铁企业的营业利润率的推移

# 第四章

## 企业的价值是谁创造的

## 你的企业是良性循环吗

到第三章为止，本书一直对该钢铁企业将要变成什么样以及如何变化等内容反复探讨。但是，在最初的时候，我们是否在会议的不断召开中，下足了工夫?

“读好书”、“揭公司的‘短儿’”、“问卷调查”等各种方法的使用，都是为了用最后的“五种资产”和“价值三角形”来衡量如何去做，才能真正使企业好转。

以下，仍有某些重复的部分，但由于是重要之处，所以想再一次加以确认。

使用“五种资产”和“价值三角形”的框架，因为我们想知道的是企业是存在良性循环，还是存在恶性循环。另外，如果存在恶性循环的话，是什么原因导致其存在的，以及“怎样才能形成良性循环”。

如果问起对于企业来说什么事是重要的，很多人都会抢着说是“钱”，也就是五种资产中的金融资产。

当然了，如果没有钱，企业是生存不了的，从这个意义上来说，钱确实是重要的东西。

但是，这个钱到底是谁给你送来的呢？是客户。在同样的五种资产中，客户属于客户资产。

企业只要不借款或增资，所有的钱基本上都来自客户。因此将来的资金流入和客户的满意度是存在着某种关系的。如果客户对企业满意，就会高兴而心甘情愿地把钱支付给你。反之，客户将会把钱支付给其他企业。

**客户是否满意将对资金的流入产生很大的影响。而且，客户资产的关键词是笑容。客户脸上有笑容，客户资产就增加，反之就变小。**

那么，客户用钱买的是什么呢？是企业的产品和服务。产品和服务属于物质资产。所以产品和服务成为客户想都不想就要购买的东西便成为必要。其中，也包含质量和价格因素。

企业的产品和服务由谁来提供？当然是企业的员工们了。员工属于五种资产中的人的资产。员工们如果不能精神饱满地去迎接挑战并不断地成长，就不能造出优良的产品和提供优质的服务。

**人的资产的关键词是生机勃勃。员工们生机勃勃地工作，人的资产增加，反之，则缩小。**

那么，员工们从属于哪里？当然是企业或组织。

使员工们忘我辛勤工作的能量源自充实而丰富多彩的企业文化，或明确的方向性（战略），这种有如此企业文化或战略的力量在五种资产中属于组织资产。

**组织资产的关键词是“激情”。同这个企业有关之人充满激情，从事工作的能量（文化）强，则组织资产增加，反之，则缩小。**

组织资产对另外四种资产起统帅作用。因而，其他四种资产是否处于良好状态，很大程度上取决于组织资产。

这表明，企业是否良性循环以这五种资产来衡量是可行的。

我们在该钢铁企业的会议上，一边倾听企业内外的各种各样的谈话，一边反复研究企业的循环。这里是否存在良性循环呢？如果没有的话，问题出在哪里？关于这一点，我们一边思考，一边反复开会讨论。

我们将这种循环称之为“价值创造的进程”。“价值创造的进程”顺利的话，企业就会良性循环，企业的价值也将不断高涨，反之，则会出现恶性循环，进而会危及到企业的生存。

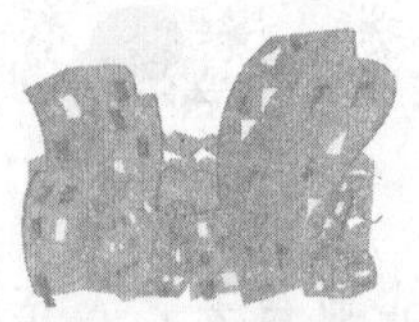

## 以五种资产来重新判读企业

首先用“五种资产”对该钢铁企业的案例进行诊断。希望你尽量用你的公司或事业来思考。

首先是金融资产，这家钢铁企业过去的销售额和利润都不够理想。因此，金融资产陷入了窘境。客户资产向金融资产的循环，正如第二章所指摘的那样，该企业的客户意识非常之淡薄，也就是说根本没在意客户资产。**企业中的上意下达，使得员工们看上司的脸色行事，而无视客户的要求**。因此，客户资产向金融资产的流动始终停滞不前，并且客户资产自身也逐渐缩水。

从物质资产向客户资产的流动看，由于客户资产的意识淡薄，该企业对于“谁是客户”这一点是没有明确意识的。而且，在没有弄清楚客户到底需要什么的情况下就开始生产产品。

经营部门及生产部门都抱有“只要生产出好的产品，销售额和利润就可以提高”的想法。而客观地说，这是自以为是的想法。

由于客户资产的消失，物质资产向金融资产的流动也陷入停滞。物质资产和金融资产之间缺乏客户资产的话，价值创造进程的良性循环就不会存在。

人的资产同样也说不上是生机勃勃。各个部门各自为政，没有整个企业全力造就的产品和服务。

与其说员工是这个企业的人的资产，不如说是为了执行命令而存在的“牛马”。说得再严厉点，企业从来就没有将员工作为资产看待。

那么，组织资产向人的资产的循环又是如何呢？正如所见的那样，组织资产所包含的是上意下达、内向型、等待指示、军事化、集权化、官僚化、冷漠等文化。进而，郁郁寡欢的气氛和灰心丧气的气氛在蔓延，组织资产完全未被激情附体。

更重要的一点是，组织资产已经严重缺乏统率其他资产的能量（文化），它已经处于衰退期的末期了。

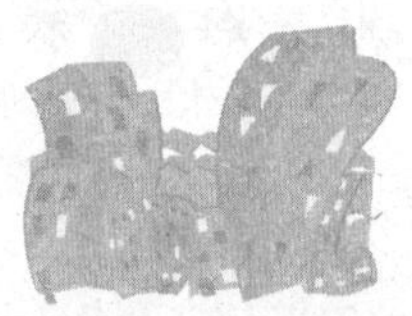

## 抛弃旧的思考方式

接下来，要用价值三角形的观点来审视目前的循环。

设立当初满怀的激情，渐趋平淡。取而代之的是渐渐向纵深渗透的上意下达的文化。战略不是缺失就是机能不全。

作为年度成果的销售额和利润也令人遗憾地达不到要求。

该组织实际上处于连日常的行动、日常的决议甚至连规则都没有的状态。而且，由于应该被共有的文化或战略日渐消亡，反而出现了本不应该有的潜规则，那个不能干，这个不能干，毫无意义的会议反复地召开。

这样一来，日常的决策就变得特别困难，甚至使在其上的日常行动也变得更难以出成果。只有围绕眼前的业绩是否增长的议论贯彻始终，而且只为达成业绩目标设立规则，日常行为也只建立在这些规则上。这样做的结果是，热情以及激情等统统消失殆尽的状态形成，组织不能良性运转，自然也就不能取得成果。那么，该企业为什么至今仍不改变思考方式或习惯呢？确实是不可思议。

该钢铁企业的某位前员工有一次就当时企业的状况所说的话，至今都鲜明地印在我的脑海里。

总之，意思就是那些带有“旧的思维方式”的家伙们顽固不化。

因此，旧的思维方式才是成果出不来的原因，而且大家始终固守着不出成果的思维方式确实有些滑稽。

旧的思维方式的方向性明显有误。如果按照其轨迹走的话，是看不到未来的。所以，只有改变它才行。而形成自己信得过的新的思维方式是十分必要的。

这些话虽有稍许过激之处，但我认为是正确的。

如果把企业的销售额或利润当作成果，那么组织资产、人的资产、客户资产等将成为为了提高销售额或利润的因素了。而正如迄今所见的那样，如果没有能促使销售额或利润提高的良性循环存在，无论怎么努力，成果还是出不来。反之，如果在能够出成果的思维方式或习惯之前形成创造价值的循环或进程，成果必然出现。

这个企业的理念是“持续超越客户的期待”，持续成长的企业业绩，客户笑容满面，同事们生机勃勃。

并且，他们对此深信不疑。激情及理念占据组织资产最重要的位置。从此，整个企业将成为一个真正的整体，即员工不断成长的组织。

以前，如果在该钢铁企业这么说的话，一定会被讥笑道："说什么傻话呢？"然而，企业的理念使得业务上应有的、正确的方向性得到认识。**怎么做才能使同事们生机勃勃？不仅需要认真地去想，还需要认真地去做，否则将没有人来评价这个企业。**

这样做如果能使组织资产充实的话，组织全盘将充满活力，为数众多的员工每天激情澎湃，工作的环境就会形成。充满激情地工作，员工就会渐渐变得快乐而生机勃勃。

企业内这样的空气得到蔓延的话，在业务上，同相关的客户、联合体等一同工作的企业员工自然而然地会笑容满面的。同充满激情、快乐地工作的人们开展业务的话，愁眉苦脸的表现就不会出现。

令客户们喜笑颜开的话，销售额自然也就上去了。

激情、快乐、笑容这三种看不见的资产汇集在一起，企业不发展才怪呢。销售额增加了，企业发展了、企业的业务范围也会渐渐扩展。如果是生产企业，将会进行积极地设备投资，库存也将增加。也就是说，物质资产增加了。

如果能获得更大的利润，则可将其中一部分作为现金存款和投资，如此将使资本进一步加大成为可能，其结果就是金融资产的增加。

我们使五种资产的循环同时而充分地进行着，并通过会议的召开来反复加深大家的印象。

## 所有人都有激情吗

**企业的改革，特别是处于衰退期的企业改革能否成功，取决于企业和员工是否具有激情。**如此断言不为过吧？

为什么这么说？**因为组织能量的缺失是衰退期的最大特征。因此，激情的源泉只能来自于工作中的每一个员工。**

对于我们来说，最重要的就是要下工夫将他们的激情焕发出来。员工们的激情将会提升企业文化能量的水平。

然而，具有激情工作经验的人有多少呢？那些告别了激情学生时代的人们，一旦参加工作，多数人都已经忘记了什么是激情。我刚走上社会时也是如此。

工作时要有激情？开什么玩笑。企业是人生磨炼的场所，工作就是磨炼——这样想的人不在少数。

然而，这话说得不对。一天8小时的工作时间，占去了一天的三分之一。而且平常最好的时间段被工作占去了，这个时间段可称为黄金时间。如果在这个时段中不快乐的话，那么你能到哪儿快乐去呢？

也就是说，企业不论在成熟期或衰退期，没有激情是干不好工作的，如果在企业中焕发不了激情的话，就要追究为什么没有激情。对此，最好要正视现实。或许，这个企业正像本书介绍的这家钢铁企业那样进入了衰退期的晚期。

你有激情的话，就能够影响你周围的人，进而使全体成员有激情地从事工作，企业自然就会恢复元气。

组织中的激情是会传染的，而正是这种传染能使企业文化的能量上升。激情是可以乘风扩散的，而且，激情→快乐→笑容的良性循环只要能够持续，客户就会不断增加，企业的业绩上升也就不言而喻了。

这就是以五种资产为依据的思维方式。

# 企业的价值由“文化”决定

这里想略加详细地触及一下企业价值的问题。

多数人都认为利润的最大化将提升企业的价值。但是，从创造价值或企业价值的观点来看，这其实是错误的。

企业的资本消耗如果达到6%，成果最多也就到企业价值整体的2%~5%。也就是说，成果在企业价值中只占很小一部分。如有关心成果占企业价值比例问题的读者请参照价值创造公司所著《最新企业价值的基本结构详解》（秀和体系出版社）之210页至220页。

这里所说的资本消耗即企业经营必要的资本的调剂、维持等所需要的费用。例如，发行股票进行融资时向股东们所发放的股息红利就应当作资本消耗。

错误地认为企业价值的提升就是眼前利润的增加的人为数众

多。这是明显错误的认识。真正的企业价值的大部分是由战略及文化所占据的。**单纯追求当前利润是不会使企业价值增加的。**

当前利润（成果），从企业价值整体的角度来看，处于不重要的位置。即使拼命地想使这部分增加，企业价值也是很难有所提升的，如果真想使企业价值得到提升，那么只有提升文化和战略两个部分才行。

实际上，提升企业的企业价值这一使命，一旦转化为行动，往往不能同利润挂钩，而这必然会使性急的人发出“这么干真能使企业发生变化吗”的疑问。在这种时候，我们必定这样回答：你们现在做的是正确的，没有问题。至于今年利润情况如何是没有意义的话题。重要的是，只要企业不倒闭就好。并且企业的文化部分不扩展的话，企业的价值就无从谈起。所以，首先要下大力气加强文化建设，然后再考虑具体的战略。如果这样去干，企业价值就能得到提升。

到此为止，关于企业文化，虽然做了各种各样的说明，最终，如果问到文化究竟是什么，答案不外乎“激情”。没有这个，企业的文化就无从谈起，企业的价值也就得不到提升。

走上社会时间越长的人，大多会认为：工作中没有什么激情。那些走上社会后就对同事间的热情交流等观点不屑一顾并认为是无稽之谈的人真是不少。

走上社会就以为有必要打着领带，穿着得体，见面必须打招呼，行为举止也要符合对社会人的要求。这一切和学生时代那种自由而远离责任的情况是完全不同的。

这一切看起来都远离快乐。走上社会10年、15年后，如果谈起“快乐工作”等话题，必然引来“什么？快乐工作？简直是无稽之谈”的说法。太多的人都认为工作同快乐毫无联系。

而像钢铁企业这样创业超过100年的企业，从上级到下级或多或少都会死气沉沉。这样的情况在整个企业蔓延的话，这个企业就不可避免地要患上大企业的通病。但也正因为如此，拥有激情和乐观是非常重要的。

## 创造企业价值的人以及破坏企业价值的人

企业价值是什么样的人所创造的呢？让我根据图表10来说明一下。

纵轴是中长期企业价值创造必要的“是否存在激情”的轴，而横轴则表示作为基础的成果，属于“是否出成果”的轴。它们组合成四个领域，每个领域代表一种类型的人。员工们分属四个领域之中。

根据这个图表就可以明白迄今为止只着眼于成果的人们是否真对企业价值的创造有所贡献。

首先，握有创造企业价值最大的钥匙的是①所属的人们，也就是那些对工作抱有激情并且真正出成果的人们。

本来，企业对于这部分人应该经常给予挑战的机会，让他们作为创造企业价值的先锋是非常必要的。

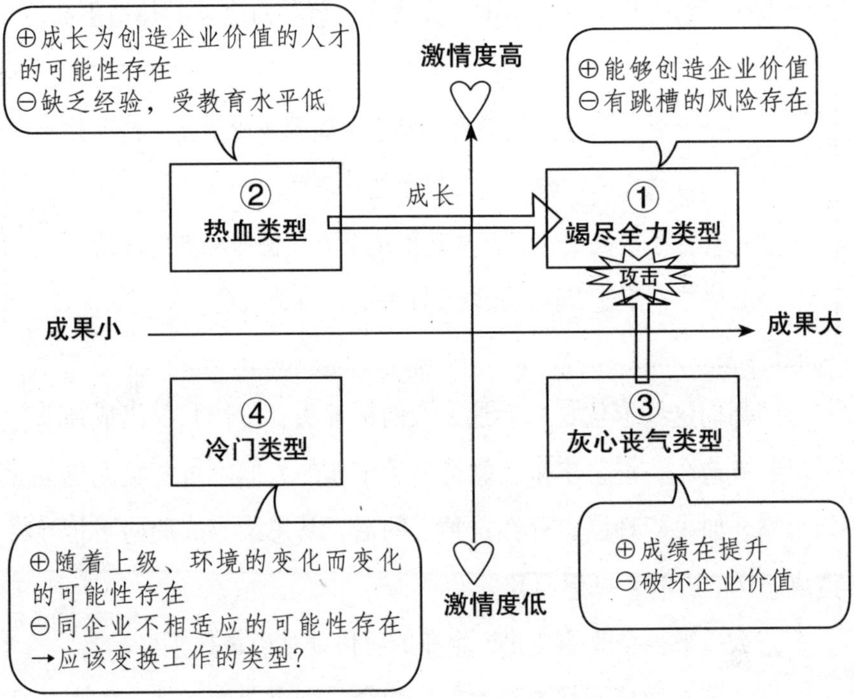

⊕成长为创造企业价值的人才的可能性存在
⊖缺乏经验，受教育水平低

激情度高

⊕能够创造企业价值
⊖有跳槽的风险存在

②
热血类型

成长

①
竭尽全力类型

攻击

成果小

成果大

④
冷门类型

③
灰心丧气类型

⊕随着上级、环境的变化而变化的可能性存在
⊖同企业不相适应的可能性存在
→应该变换工作的类型?

激情度低

⊕成绩在提升
⊖破坏企业价值

**图表10　企业存在着四种类型的人才**

然而，在日本的企业中，实际上恰恰是这部分人辞职的最多。这种情况的频发是企业的人事部门或经营者、管理者的失误所造成的。

**为什么工作中有激情并且能够取得成果的人反而要辞职呢？这是因为这些人对在企业的工作越来越感到扫兴、无聊。**其原因是由于领域③所属的那些人的情况不被人事部门、经营者、管理者们所注意造成的。这些人们虽然同①所属的人们一样也在取得成绩，但基本上属于对工作缺乏激情的。换言之，就是对企业的热情不高。

工作就是为了赚生活费，给多少钱干多少活儿，这以外的事情与我无关。他们就是抱着这种态度工作的。所以，尽管也取得了些成绩，但却缺乏创造企业价值的必要的激情。而且往往也是这部分人来攻击①和②所属的人们。

“你们这些家伙哪来的这么大的精神头？工作只要出成绩就行了。”被这么一说，本来还激情满满工作的人们不可避免地也会受到影响。如果管理层也存在这种人的话，其思维方式的向下传导将造成怎样的影响，可想而知。

这么一来，企业的文化，企业的价值就被破坏掉了。

自己虽然激情满怀地努力着，却会受到企业中另外一些人的言论或行动的影响。①所属的人们渐渐地就会心灰意冷，最终就会离开这变得令人扫兴的企业。

## 所以造成优秀人才流失

在这个局面形成之前，对③所属的人们进行开导、说服是必要的。但这个工作的难度很大。正如皮特特拉卡在其所著《职业的条件》（钻石社）一书中所述，“如同改变宗教信仰一样”的变化是必要的。

本来，即使作出成绩，也要从企业辞职，是正常的事，可日本的企业，是不会轻易让人辞职的。所以，要进一步进行说服工作。但是，这就如同要改变所信仰的宗教一样，是非常困难的。多数时候是不能如愿以偿的。

**如果③所属的人处于管理地位的话，就应该采取人事行政手段将其降职。这么做可以缓和他们破坏企业价值的影响力。**

附带提一下，③所属的人们通常为了名誉，不认为自己属于③的领域，恐怕他们甚至认为自己属于①。并不是他们不愿意去干，也不是因为脑子笨，恰恰相反这里边脑子灵活的人还真不少。

然而，四个领域里最需要关注的是①所属的人们，应该经常给予他们具有挑战性的课题，让他们去说服③的人们。总之，必须保住①所属的人们。

日本的企业通常都是忽视①这个领域的人们。所以，这些人不跳槽才怪呢。尽管他们是企业内最卖力气的人，但在其他人眼里他们人品好，人缘也好，所以干得好是应该的。于是乎，优秀的核心人才就这样大量流向别的企业了。这对于创造企业价值的事业来说，确实是很大的损失。

实际上，该钢铁企业也有很多企业需要的人才流失了。曾经参加企业文化和理念贯彻的核心成员的十人中的一人完全陷入了孤立无援的境地。这个人假设是当课长的B先生。

10个人集中在一起讨论之时，如果这样干得好的话，真能使企业改变，大家都拥有这种期待并跃跃欲试的情况下，一旦回到各自部门并传递这种意识时，各部门的部长竟都是一种态度：这顶多就是理想而已，而B先生所在的部门这种情况更加强烈，使其完全陷入孤立状态。如果按照图表10来划分的话，B先生部门的部长就属于③的类型，而B先生则属于①。

## 成为创造企业文化潜在之人的类型

那么①和③以外领域所属的人们究竟是什么样的呢?

首先,④所属的人们既不是工作有激情的,又不是出成果的,说白了就是些毫无进取心的人。

然而,**这个冷门里存在着潜在的可能性**。他们之所以属于④可能就是由于没有好的上司或其他什么原因所致。环境的变化才使冷门存在,所以,④所属之人被称为冷门类型。

那么这种类型的人为什么会存在于④的领域呢?这个问题有必要优先考虑。例如,本书第三章所述“剑拔弩张的会议”中大怒的那个人,就是属于④的。而且,以同核心成员一起工作为契机顺利变身为①所属之人的情况也有所介绍。这种人确实属于冷门类型。

但是,既然同企业的文化不相适应并属于④所属的人,应该劝其转职。

②所属的人们是属于需要经验和教育的类型。这类型的人因为工作中有激情，只要朝出成果的方向去努力，之后就有可能顺利成长。而且，从②向①转移的可能性也是很大的。

所以，对于那些被认为属于②的人，要有耐心地培育他们，不要急于让他们出成果。

这个钢铁企业的例子中，由来自年轻人不拘形式的压力而产生出来的那些人，正是②所属之人。为了不能将这些人孤立，为他们提供活动平台是非常好的主意。另外，使②所属之人同①所属的人们结合起来是重要的。①和②所属的人们成为同志可以为改革提供动力。而且，只有①和②类型的人们才是创造企业文化的推手。

## 无视客户的公司为数众多

“要重视客户”，几乎所有企业表面都这么说，但实际上，一边想着客户，一边做生意的企业太少了。

我曾经就职的安达信会计事务所，虽然最终由于一部分人的不正当行为导致解散，但其毫无疑问是一家好企业。这是因为其领导层经常想着客户，把客户的要求放在第一位来开展业务。这样也使部下特别快乐，因为领导都是为了客户所求而工作，那么自己只要想着客户所想而工作就好了。领导将客户放在第一的位置上，其下直至普通员工也是如此，这样在方向上就达到了统一。想客户所想，买卖自然达成。

然而，直属上司如果无视客户而只看其上司的脸色行事，或者只想着自己的事将会是怎样的结果呢？显然，同客户之间的关系立刻就会断裂。

可是，以该钢铁企业来说，由于他们也生产大型产品，所有的员工不可能都直接同客户接触，所以持续超越客户的期待的理念在形成的过程中，很多员工不能直接见到客户的窘境就出现了。

因此，在这个企业需要下工夫的是将“客户是后工程”的思维方式引入。所谓“客户是后工程”的意思是：自己下一个工作的同事就是客户。期延长线的终点就是真正的客户。

为使这样的印象形成，就要经常在使参与后工程的人们快乐上下工夫。由于自己的后工程同客户有联系，那么我不就是在使同事快乐吗？如此积极的连锁反应就产生了。

**“见不到客户的面”的状态一旦形成，本该顺利进行的事情会渐渐无法顺利地进行下去**。然后，不顺利的现象会变得司空见惯，应该面向客户的理所当然的姿态会从组织中消失。

多数企业将五种资产，即组织资产、人的资产、客户资产、物质资产、金融资产置于各自专属部门来管理。当然，如果各个部门都想着客户所想，来妥善地运用的话，那什么问题也没有了。但是，实际情况是各自都只想着自己的立场，例如，管理着客户资产的营业部门，被认为是应该着眼于客户的，但实际上常常不知道客户在想什么。管理金融资产的财务部，在考虑客户之前，只盯着什么银行或投资人。管理人的资产的人事部只管员工的事。而管理物质资产的调剂部门则只盯着供应商。

如此一来，管理着各种资产的各个部门都站在各自的立场上考虑问题，不可避免地要出现错误。企业越大，这种倾向就越强。这只会使企业的经营陷入困难境地。

正因为如此，经营者必须同每一个员工共同拥有统一的企业文化和战略，并使员工充分理解其意义，在此基础上，从各自所处的位置上想客户所想并付诸行动。

由此而形成的经营热情，我们称之为professional（职业的，专业的）。优秀的特殊人才或专门人才是企业非常重要的人的资产。从专门人才再进一步成长为持有自己所在领域的专门知识并能够使企业的理念或行为准则在组织内渗透，能够在整个企业内实施企业战略的人——被称之为professional（职业的，专业的）。

## 放眼老客户之外的客户

说到“重视客户”，这里有一点必须注意，就是现在不能够仅仅重视自己企业的老客户。如果仅限于自己的老客户，虽然也能使企业成长，但更进一步的成长就变得困难了。所以，**重要的是不仅要重视现有的客户，更应该范围广泛地探查社会的需要，这就要求将目光投向自己现有客户以外的地方**。

例如A企业为了自己的老客户，把注意力全部集中在制造某种特定产品之上，这种制品一旦卖不动了，企业的业绩就会直线下降。A企业便认为“没办法，市场情况太恶劣了”，进而灰心丧气的情绪充斥着企业。

该钢铁企业就是这样的情况。到现在为止存在的客户无疑是重要的，但既有市场正在受到中国、韩国的钢铁企业的蚕食。也就是说，由于只生产A企业所需的产品，这已经使企业陷入了没有未来的境地。当他们真正理解了这种情况意味什么的时候，就会发展B企业和C企业等新的客户，并将目光转向他们所需要的产品之上。

就这样，他们在总公司的赞许下，自己积极地向外发展。

“现在，有什么困难吗？”

“需要什么样的产品？”

“如果需要什么产品的话，您只要提出来，咱们一同来探讨好不好？”他们就这样在社会中范围广泛地反复探寻新的需求。

他们的这番努力导致了最先进的汽车开发不可缺少的高级汽车用钢板的问世。这种钢板同迄今为止的钢板的概念完全不同。作为客户的某汽车制造企业的有关人士有这样的一番话：“谢谢！我们一直想要这种钢板，这种钢板太棒了！”“哎？原来客户喜欢这样的钢板？”这句话使他们意识到了这里存在着的市场。

这就成为了激情的源泉。想客户所想，即由“想做大事业”、“就喜欢炼钢”，转变为客户主导的目标，就能向客户提出新的方案使他们感到由衷的快乐。

这样，激情得到了进化。

由于企业的理念和战略达成了一致，他们总是优先考虑客户的事情。向客户提供价值而获得报酬这种事，迄今为止该企业是没有经历过的。并且，企业自己开发的汽车用钢板的技术水平是别的企业望尘莫及的。此事不但使自己的强势得以体现，而且企业还萌生了更上一层楼的想法。

因此，这正是倾听客户的诉求的具体体现。

而在这之前，由于不知道这里有着客户的需求，所以一直生产着只能满足于技术人员的虚荣心的、卖不动的产品。其结果是，业绩直线下滑，低迷不振。

此外，从前总把金钱当作同客户争斗而得来的战利品。工程技术人员则以拒绝客户追加要求的次数多为荣。总之，客户的期待被无视。从一线到一把手都把这种状况视为理所当然的，而任其发展。

但是，以同我们的相见相识为契机，该企业从上到下都能够广泛听取客户的呼声，并且能够主动走出去同客户对话，该企业的面貌整个为之一变。其实这并非什么了不起的事，可确实令企业变化并成长了。

## 因为喜欢所以持续

2009年，美国棒球联盟中西雅图阿奎丽斯队的一郎选手，连续9年取得200本垒打的成绩。而成绩的背后是常人所不能想象的大量练习。

不满足现状，经常寻求改进，为了更好的击球技术而反复地努力。那么为什么这样艰苦的练习能够一直持续呢？这主要是因为喜爱棒球这项运动。正是因为喜爱，热情才得以维持。

**企业的经营和工作也是同样。正是因为喜爱企业，喜爱工作，经常不断地挑战，不断地改善，热情才得以维持。**

下面请看图表11所表示的激情度和成果二轴。就Venture——企业来说，激情度高，但由于成果还上不来，所以在①里存在是通常情况。但如果是成熟企业，尽管激情度低，但由于以前的财富，成果却在增加。也就是说处于③的领域。但问题是，成熟企业究竟会在③里待多久。不用说，即使是成熟企业，如果能不断地迎接挑战，就可以从现在所处的领域上升，成为激情度高而且成果也不断增加的企业。容易患大企业病的成熟企业，只要继续努力也会顺利前行的。（见图表11）

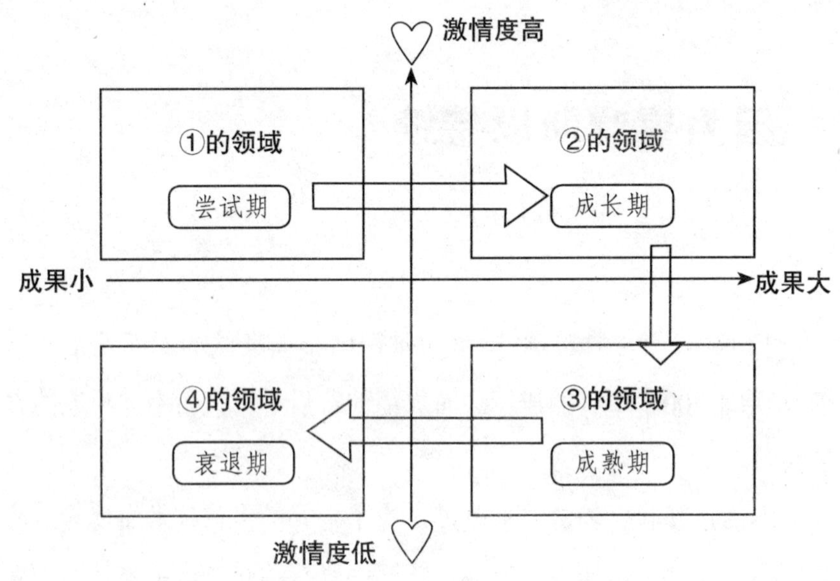


图表11　根据“激情度”和“成果”来改变企业的现状

但是，如果忘却了挑战精神，丧失了不断进取的意志，立刻就会倒退到④的领域，企业的成长就会停止。

无论如何，不管多么小的事，你都应该试着去做，做着做着，很可能就会取得某种经验，无论好的经验坏的经验，把这些经验整理一番之后再进行改进。这种行为的不断积累，向上的动力就会注入到企业文化中去。但问题是，这种行为能否持续。实际上，要将小小的实验不断进行下去是需要坚强的信念的。

该钢铁企业除了存在这些问题之外，还有一个大问题。

这个问题就是正如前述的那样，时间所剩差不多了。由于分公司制以来必须要以独立核算来维持企业的经营。然而，经营上的情况又是非常之不乐观的，因为必须同中国、韩国等比日本在价格上有竞争力国家的钢铁企业打拼，前景如何不得而知。

在这种情况下，单就刚刚开始的经营改革工程，来自各方的质疑声就不绝于耳。

“这么干能赚多少钱？”

“今年的利润真能提升吗？”

“这个企业真能改变吗？”

……

但是，小小的步伐只要能够持续向前，大的变化终会出现。只可惜多数企业并没有注意到这一点，只幻想着能在短时间内发生戏剧性的变化。

其实，哪怕像蚂蚁那样，只要一点点地向前就是好的。关键就是向前迈出的那一步。因为光明就在前头。

**多数企业一边说着改革是必要的，一边却什么都不干。实际上就是纸上谈兵。**

而该钢铁企业的员工们就深知“积少成多，走比停要好”这一点。他们无论如何都要付诸行动，并通过实际工作体验到了这种感觉。

到底是生产数以千吨计钢材的企业。这些钢铁会再进一步被制成巨大的构造物。然而，这巨大的钢材的制造也是从最初最简单的作业开始的。幸运的是，他们理解通过日常的工作，将小的行为的不断积累同大的变化相连的道理。

不能光说，关键是要行动。再小的行动，只要不断积累，就能使企业发生大的变化。

## 激情造就世界第一

曾经是负担的钢铁部门，以分公司制为契机，打了个漂亮的翻身仗。现在，这家企业正像本书开篇叙述的那样，利润率位居世界第一。

我们作为咨询顾问进入该企业整整六年。这一过程可以被归纳为：

2002年10月　“价值制造公司”开始介入

到2003年3月　新企业的理念及行为准则确立

2003年4月　分公司制

2003年4月　开始实行理念及行为准则

2004年2月　VC之友会所启动（2006年终止）

2004年3月　开始设立蓝屋

2004年4月　开始战略讨论

2005年4月　开始展开不同级别的研修

2008年展开面向一线现场的研修

过去在这个企业身上所笼罩着的是很难摆脱的闭塞感，如今在这个企业中已经感受不到了，企业充满激情，每个员工都在快乐地工作着。企业真能有如此大的变化吗？对此有疑问的人肯定存在。但是，确实变了。

为什么能够发生变化呢？理由各种各样，而最大的理由是，以前企业的员工虽然停滞不前，闷闷度日，他们本质上对待工作是有热情的。

**“我们的企业，没有一个人对工作有热情。这样的企业是没有可能变化的。”**

有这种沮丧想法的人可能是存在的。然而，对工作的热情就像该钢铁企业那样，并非仅存在于事业顺利的企业之中。

事实上，我们当初同该钢铁企业接触之时，许多员工都显得疲惫不堪，根本感觉不到什么工作热情。然而不可思议的是，在各种讨论被反复进行之时，他们内心的热度就可以被感觉到了。

于是，我们趁势将他们的“激情”调动起来，帮助他们这些当事人客观地看待事物，并提出许多建议。这样一来，每个人都一点一点地发现了自己所拥有的激情。

不管在什么样的企业工作的人，过去都肯定会或多或少地抱有某种热情。所以首先要从回想起这种热情开始而发动企业激情革命。

## 作出决定之后立即实施

这里还有一点不能忘记的是目标设定的方法。

公司的组织改革不是一朝一夕能够完成的，实现目标需要相当长的时间，特别是在充满了上意下达文化和充满了闭塞感的环境中，短期内改变组织是不可能的。

所以，我们花费了大量时间来实施激情作战。

听我这样说，会有人产生这样的误会："若想造就激情满满的组织，说到底是长期的目标。在现在这么严酷的现实中，只有忍耐，十年后希望看到大家的笑脸。"

这是典型日本人的想法。眼下情况严峻，将来克服了严重的困难，大家就能拍手称快共同欢笑了。但不管怎么说眼下只能忍耐。

这种思维是完全错误的。它偏离了做长远打算的思维方式。

但这种想法究竟错在哪里呢?

“为了十年后的激情岁月，现在则需要忍耐”，以这样的思维来进行组织改革的话，十年之后再回过头来看呢?原来什么都未改变吗?充其量就是这个结果。

这种思维方式导致的结果就是将目标实现时间的推迟。

而我们要做的同上述做法正相反，在决定进行组织改革的那天开始就要行动了。

> 如果想成为可以充满激情而工作的组织，不是在十年后，而是就在今天，就在现在这个瞬间开始激情工作，并且要创造十年后还能为继的条件。这才是真正意义上的长期目标。也就是说，其实每一天都是长期目标，尽管这说起来可能令人觉得可笑。

所谓理念也是完全相同的，今日在实现，明日也在实现并且一直在实现。十年后的理念同今天的理念相比一定是更大更充实的。

这才是长期意义上的理念应有的样子。

**不论是实行组织改革还是实行理念，为了每天能够实行，不是要树立大目标，而是要采取由一个小目标的不断积聚的方法。**要设立今日、明日等能够确实实现的目标，并能够运用自如。这样一来，由于每天都有可能获得某些意外的收获，因此，就能够有激情有动力地进行工作。

因此，所谓长期目标就存在于“现在”的不断积累之上。这是毫无疑问的。

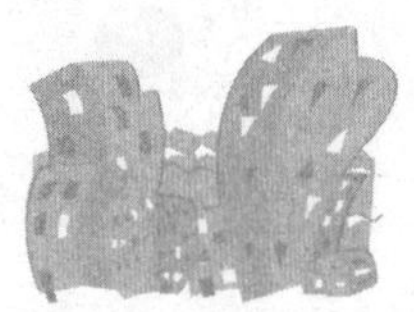

## 企业价值的严重误解

本书关于“企业价值”的言论到此为止没少提及。但是，企业价值到底是什么呢？你能正确回答吗？

就是在报纸等媒体上，关于企业价值的误解也时时可见。例如，“股票的现价值总额+有利息的负债”被称为企业价值的说法并不少见。

如果用股票的现价来表示企业价值的话，只要股价维持高位企业价值就高。那么，这种论调在现实中是否正确呢？

1990年代末期IT泡沫破裂发生的时候，说到企业价值时大家都是这么认为的，不管怎么说，股价总额只要增加就好。可如果是这样的话，股价的上升就成了使企业价值提升的捷径了。

但是，这显然是不稳定的企业价值。

而当泡沫破裂时，股价跌了50%，可是企业价值也同样减少了50%吗？答案显然是NO。这也就是说，企业价值这个东西不能在短期内急速下降到某种程度的。至少，我们是以这种观点来看待企业价值的。

实际上，企业价值可以从“实价”和“虚价”等角度来考虑。实价就是企业所持有的本质的价值，而虚价则是最初作为股价来接受市场评价的企业价值。

对于经营来说，虚价被置于重要的位置，是用来判断企业价值的。这样的经营如果持续的话，到底会出现什么现象呢？

由于只要股价上涨就好，所以这除了是股价至上主义之外，也是当年年度利润至上主义。总之，由于认为只要当年年度利润提升就好，因此，这种只看眼前的做法，肯定会形成不切实际的经营战略。员工被过高的标准或过大的定额压得喘不过气来，疲惫不堪，强打精神工作。然而，即使在这种情况下，当年年度利润如果超过前期的话，这个企业的经营就会受到较高的评价，股价也会上涨。

股价是反映对不远将来业绩的期待的。如果想使股价上升，那么只在当年度利润上做文章即可，这在战略上好像正确无误。IT泡沫之时，许多IT企业都是因为追求眼前的数字而过度经营的，结果使企业的存在亮了红灯，而追根溯源的话，这一切都是实行这样的战略导致的。（见图表12）

即使是业绩顺畅增长的企业，也会受机构投资者的短期志向的影响，在经营方向上犯错误。这种例子也不少。这样真能为了提升企业价值进行经营吗？关于这一点是有很大疑问的。显然，这样的思维方式同我们所提倡的“大力发展企业文化，通过企业文化来增强组织资产、人的资产以及客户资产”的思维方式是根本不相容的。

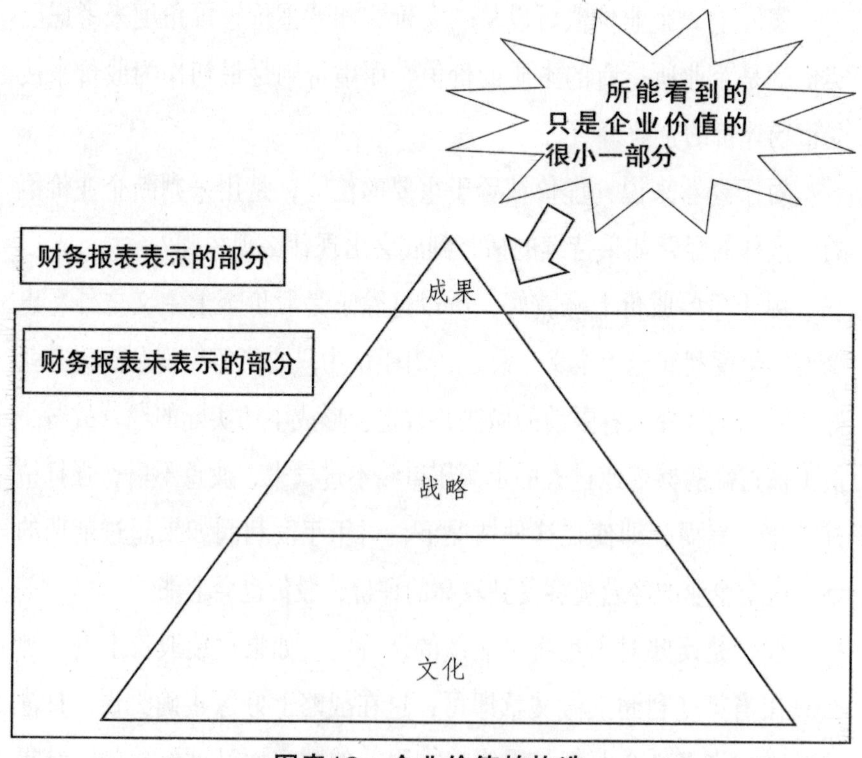


**图表12　企业价值的构造**

进而言之，我们认为，眼前利润（成果）对于企业价值的影响，最多只占有2%~5%的程度。**一心一意只顾提升当年年度利润的话，实际上对企业价值毫无影响。**

对于企业价值的影响，战略部分占全体的10%~30%以内，而企业文化部分则占全体的70%~80%的比重。如果问起股价是否表示企业价值，肯定会有部分人说YES，但其影响充其量也就是5%的程度。从本质上来说，企业文化或战略才是更重要的要素。

企业价值的构造，可以用图表12中的三角形来表示。三角形的底边部分由文化占据，中层部分由战略占据，而只有上层那一小部分位置是由成果所占据的，而且，三者并不是独立存在的。在确实而充分地强化企业文化时，要确立战略并加以实行，进而取得短期的成果——应该这样考虑才是。首先只有企业文化或战略存在，才可以期待短期的成果出现。

可是，实际上这一点很难被理解。特别是最近，企业会计采用了四个半期决算制，看到成果的周期就更短了，本来是应该以长期的视角来审视企业价值的，可如今却纠缠于短期内利润是增是减。

一部分对企业进行分析的证券分析师也是以四个半期决算为基础来评价企业的。其结果就是使企业渐渐被短期业绩所束缚。这只能被称之为恶性循环。

长期意义上的企业价值同样重要。企业的经营者，员工以及对企业进行分析的分析师们有必要来充分思考“货真价实”正确的关于企业价值的见解。

# 终章　造就未来的方法

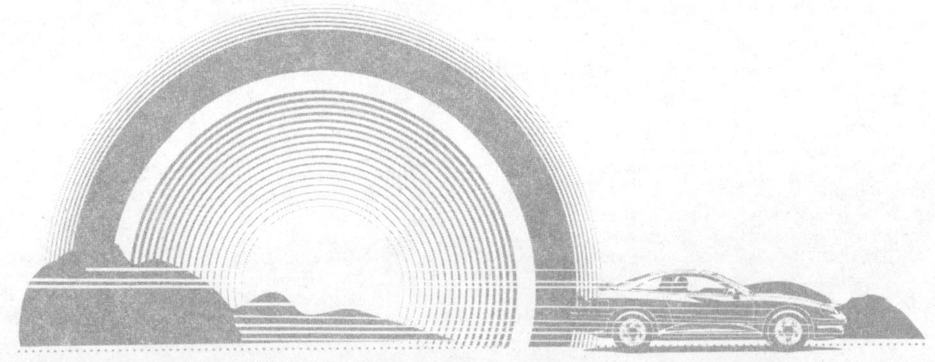

## 2009年11月13日

2009年11月13日，我站在钢铁企业的工厂附近，能够望见大海的研究中心，那是入职第二年的员工进行研修的地方。

研修开始，管理部长对于企业过去三年的业绩做了说明，与会的员工把这些业绩作为“理所当然”的来听。对过去的情况全然不知，这是在哪里都能见到的十分普遍的研修现象。

我在后面一边听着，一边怀着一种说不出的奇异心情。随后，静静地起身走出房间，一边远眺大海一边发呆。

过了好一会儿，终于清楚了自己为什么会怀有这样的一种心情。

管理部长向员工进行说明时把业绩当做理所应当，那么员工也就当做理所应当的来听这一情景，在2002年刚同这个企业接触时是根本不可能看到的。而过去的自己所根本不能想象的未来，现在就在自己的眼前。

心中怀着一种“理解了的感觉”回到屋里，正好轮到我所担当的部分。我要讲的是关于这个企业的理念和行为准则。

作为开场白，我大概是这样说的：

“刚才管理部长先生就过去三年的企业业绩问题发表了讲话。听了他的讲话，恐怕大家把这些业绩作为‘理所当然’的事实来接受了吧？对于今日的研修，大家也当做了普通的研修是吧？说不定还有人认为‘干吗要搞这种研修’？

“这里，在进入主题之前，请允许我简略介绍一下我同贵公司相识的情况。”

于是，我就把从2002年6月同这个钢铁部门相识开始，一直到今天这个过程做了简单的介绍：

“拥有同贵公司管理层的各位一起走到今日的经验的我，仍然将今日的这个研修作为特别的事来对待。2002年6月的时候，我们对于七年后的今天的这个研修以及管理部长先生先前所做的精彩业绩说明连想都不敢想。

“为什么我们现在能够站在这里呢？关于这一点我也说不清楚。然而，今天的情景之所以能够成为现实，曾经站在悬崖边上的这个企业为什么会自己选择了全新的思维方式和习惯——这是我所能够述说的。”

于是，我就把这个企业如何在逆境中确立了自己的理念和行为准则，如何选择了新的思维方式和习惯，又如何将这些同企业的文化在深层次紧密相连等，慢慢地进行讲述。

我的一番话，使得入职第二年的年轻人们似乎感觉到了当年先辈们的那种激情，犹如身临其境。

# “未来日记”的建议

最后，我是这么说的：

“‘创造未来’的说法是不是让大家感觉挺困难的？但是，大家完全没有必要担心。看不清楚未来并不要紧，但是，有一点是肯定的，不管看得清还是看不清未来，未来都是由大家来创造的，这一点是毫无疑问的。

“从现在开始30年后的2040年左右，这个企业的经营是由大家的后代来担当的。所以，我作为外部人士并没有说让大家认真地考虑企业的未来之类的话。我只希望大家在工作或生活中，珍惜自己的激情，下决心认真度过眼前的每时每刻。

“有了这样的决心和行动，大家就能取得你们想象不到的30年后的成就。”

就这样，我让参加者写下了“未来日记”。

让入职第二年的员工，跨越到2040年，即2040年11月13日（星期二），那时候作为这个企业的经营者的自己究竟怎样来经营企业，每个人在小组会上发表。（见图表13）

可能会有读者想知道这样的游戏有人参与吗？事实上不仅限于这个公司，在任何企业这种做法每次都会获得好评。若要问这是为什么，因为若把未来放在现在来谈论，其间似乎有一种将其变为现实的冲动形成，而这种冲动就是一种激情。

> 恐怕实际的未来和现在正在谈论的内容是完全不同的。但是，如果将未来当做现在来谈论，参与者会有一种未来掌握在自己手中的感觉，而不是由别人随意决定并强加给自己的。未来就在自己的手中，这种感觉会使人的意识发生戏剧性的变化。

这就是“未来日记”的作用。

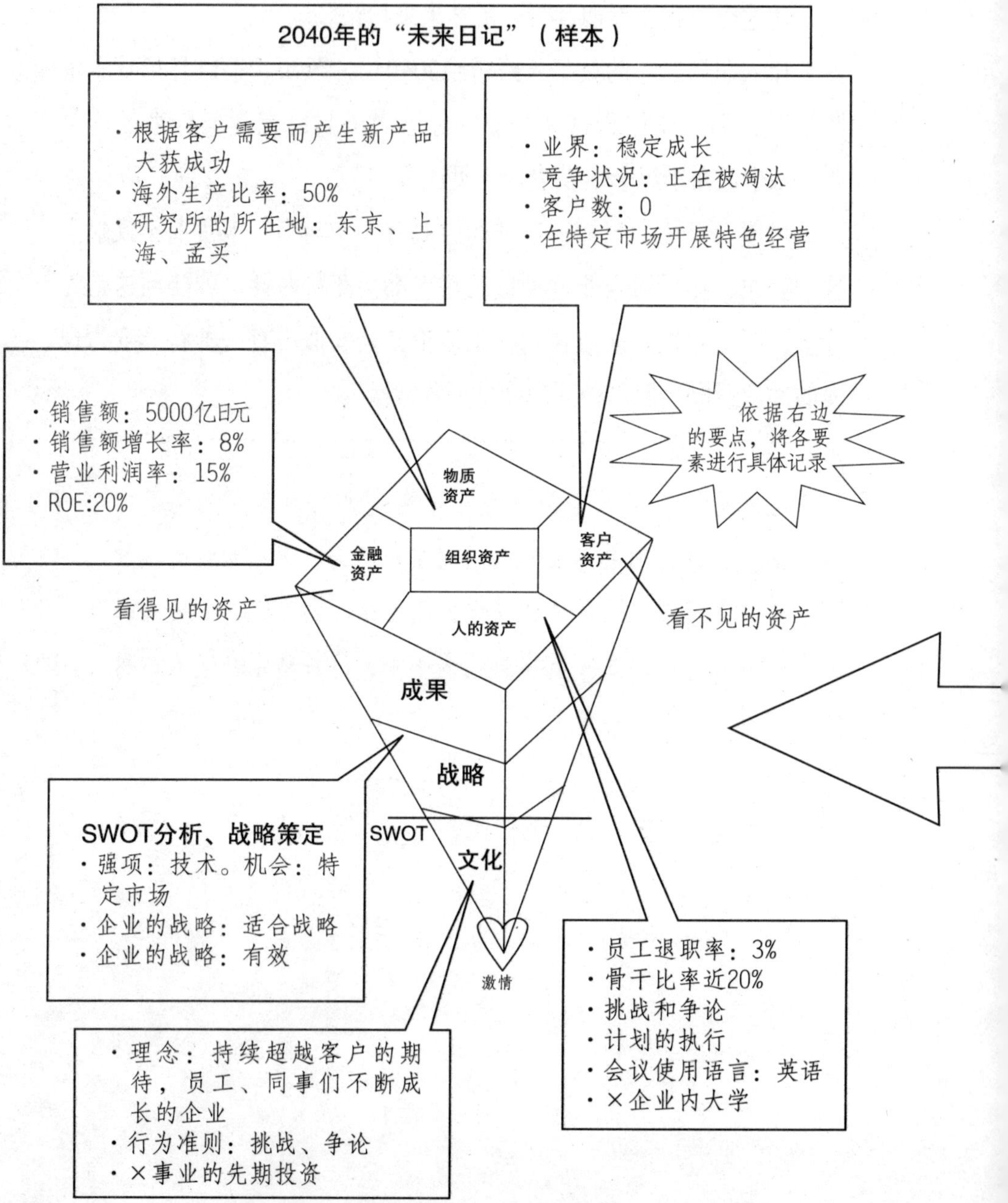

**图表13　未来——2040年的企业蓝图**

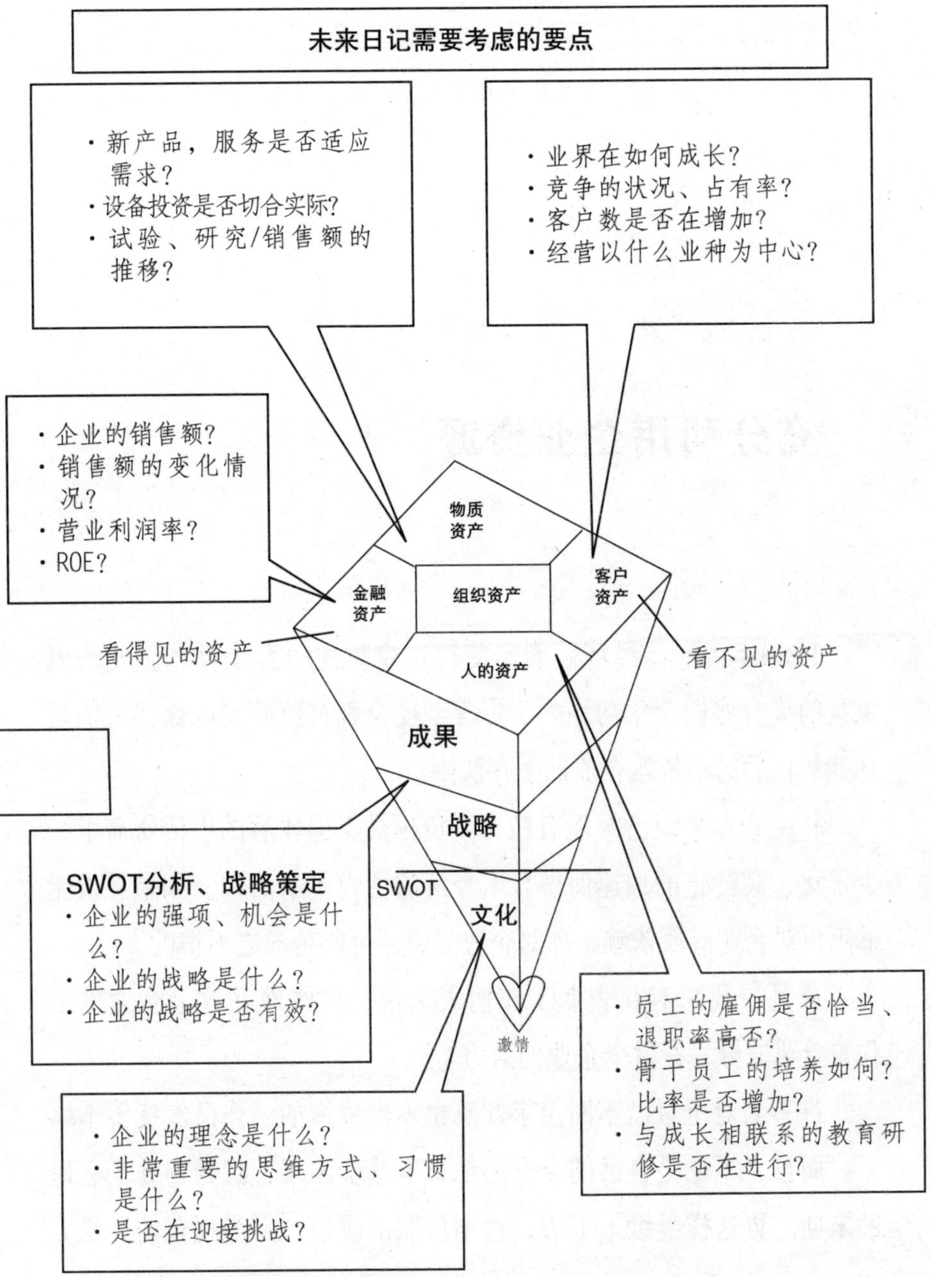

图表13 未来——2040年的企业蓝图

# 充分利用企业资源

1980年代泡沫经济破裂，使得迄今为止一直是日本企业动力源泉的终身雇佣、年功序列工资等制度全都被废除。取而代之的是1990年代后的不依赖企业的生存法则。

作为企业来说已经没有精力来负担员工退休后的生活所需了。少子化、高龄化的加速使得日本经济的活力不断消失。如果员工能够不再对企业有所依赖，那对企业来说，可能是求之不得的。

可是，我想对在企业工作的大家说："既然在这个企业里工作，就要充分发挥这个企业的潜力。"

许多人对于自己不断追求却总也不出成绩的工作已经疲倦不堪了。而且，不论是自己的企业还是日本这个国家，到处都处于衰退的末期。再这样继续干下去，也不可能出成果，因为现在的思维方式或习惯是出不了成果的。现在需要的是新的思维方式和习惯。在这种情况下，有一点非常重要。

**许多人不认为自己的工作重要，而是想寻求更好的工作、更好的环境、更好的企业以及更适合自己的企业，然而，这显然属于“这山望着那山高”。**

应该做的是立刻停止这种想法。

自己同所在的企业因为具有某种缘分，才在这里利用人生的宝贵时间来工作的。如果不会利用该企业所拥有的价值资产和关系网，那就太可惜了。应该尽量使用企业的资源来使自己成长。**与其茫然地寻找，不如脚踏实地做事。因此，重要的是快乐、认真、全力以赴地从事自己眼前的这份工作。**

有意思的是，不管多么无聊的工作，只要认真地思考并加以实施，就能够看到这个工作的另一面。在认真工作的过程中，就会发现问题并自然会考虑如何去解决。

当然，很可能会找不到答案，但重要的是坚持不懈地去思考，反复尝试。瞬间即逝的问题，只要认真地去思考，有意无意之中，答案可能就会突如其来地闪现。而且，要把这些想法迅速记在纸上，以防忘记。

解决的办法一旦得出，就要即刻实行。如果还是不能见效，那么就要再下工夫。就在这样的反复过程中，说不定什么时候，问题得到解决的瞬间就来到了。

不可思议的是，虽然总也不成功被认为是理所当然的，但只要有一次体验到了成功的瞬间，那么，这次再取得成功也就会被视为是理所当然的了。

人们把这称之为成功体验。

只要有了一次的成功体验，什么样的问题都能够解决的状态就形成了。即使出现更难的问题，只要认真地思考并对产生的想法或点子反复进行试验，经过试验—错误—再试验的过程后，这个问题也会被解决。而这一不断反复的过程，也会使解决问题的能力得到很大提高。

其实，我们工作的目的也就是为了获得成功的感觉，这话不是夸张的说法。

即使是最初看起来很小的机会，只要是建立在不断努力的基础之上，那么进一步成长的可能性就是非常大的。进行成功体验的人会变得不畏惧失败，并且锻炼出不容易失败的素质。

只要经历过成功体验，迄今为止一直低头前进的人，也会昂起头，自己主动去尝试寻求新的挑战。

## 工作是不会失败的游戏

在组织变革的领导以及一线现场的员工的眼前，令人厌烦的问题堆积如山，而且在过去，谁也不愿意碰这些问题，他们看起来根本解决不了。

现在回头去看过去的经历，觉得不是很成功。因为谁都认为与自己无关，虽然表面上看起来是互相协助，但实际上谁都不想伸手相助。未来更是看不到光明。

在这样的状况下，从职责上来看，有领导组织变革的人，有在现场负责工作的人。

然而，仔细一想的话，这实际上是一场不会失败的游戏。

**总之，尽全力去迎接挑战。如果成功，企业真的会感谢你的，加薪晋职也会随之而来，不是吗？**

但是，挑战的结果即使是以失败而告终的，这也绝不意味着这个人个人的失败，只要在下一次的挑战中卷土重来的话，就是好的。万一，在这个企业待不下去了，那么在进入另一家企业时，你所拥有的是从失败得来的经验。经历过一次失败以后在下一次失败的苗头出现时，你就会在危机到来之前有所察觉。也就是说，经验值提高了。

无论如何，只要认真对待眼前的问题，就会在不知不觉中发现自己练就了职业人员所应具有的素质。反之，就会逐渐退化。只要认真思考自己的将来，得出的结论将只有一个，即不断进取。工作这东西只要怀着热情尽力去做，成功也好，失败也好，对自己来说都是有价值的。正因为如此，工作才成为了“没有失败的游戏”。

作为正式员工，如果只知道坐等上级的指示而做事的话，那么他一定是那种总是一边感到工作没有意思，一边以无精打采的神态上下班的人。要不就是只知道对上级说YES，自己什么思想都没有，只干自己眼前的事的人。

如果只增加这些人的话，企业的活力就会大幅度地削弱。员工就不可能有什么激情和快乐，客户也不可能有什么笑容，这才是真正没有意思的企业。

如果把企业的工作作为“没有失败的游戏”来参与的话，心情就会开朗，每日的工作就会充满情趣。

然后，就可以全力以赴地投入工作，充分彻底地发挥公司的组织力量。将自己的人生置于企业的土壤之中，使自己茁壮成长。这不但能提升自身的价值，也可以提升自己所属的企业的价值。

## 相信个人的力量

说到改变企业文化，大多数人的反应都是“难”。特别是，企业规模越大，这种倾向就越强。

在迄今为止的漫长的历史中形成的企业文化，以个人的力量来改变是不可能的，这是自然的反应。

但这是在创业期、成长期或者成熟期所应该说的话。**在衰退期，特别是衰退的末期，企业的力量已经所剩无几了。就像我们所做的那样，我们只能走依靠个人=员工这条道路了**。

但是，这并不是说只要是个人就好。这里的个人指的是同组织有关的新的思维方式和习惯，而且，这种新的思维方式和习惯可以使企业再生已经可以预见。

到了衰退期的末期，个人的激情感忽然成为重要的东西了。

而且，这种激情感引起国家的文化发生改变的可能性是存在的。卡诺阿尔贝鲁特·修贝茨博士在《文化的衰退和再建》一书中这样写道：

文化是在许多个人中起支配作用的整体的趋向。甚至是与其对立而产生出的一种新志向。这种志向将会逐渐影响整体的感情，进而对其起决定性的作用并且获得再生。

说到国家的文化，被认为是根据全体国民来变化的，实际上，是由个人的力量来使其改变的。也就是说，一个人的力量是非常之大的。

企业文化也是如此。

企业文化的变化确实是了不起的大事。但是一旦进入衰退期的末期，情况就变了。虽然“无力”、“灰心丧气”的气氛在起支配性作用，但如果想要认真地使企业变成拥有能出成果的思维方式和习惯的企业，究竟会发生什么呢？由于发起这一行动的人们怀有激情和无穷的动力，就会发生令人意外的变化。

这可能意味着并不是什么有意思的游戏。最初，可能只有你一个人激情满满的，但只要超越自己所属部门去交流的话，渐渐的，同样拥有激情的人就会集中起来，我们的企业是不是也有这样的人存在呢？！人们可能就会发出这样的疑问和惊叹。这样的活动最终将使企业的文化发生人们所向往的变化。

即使是个人的力量，只要拥有同样思维方式和习惯的人集中起来，就会形成巨大的力量，再加上激情的相互传导，企业的文化就必然发生变化。

请相信人的力量，请相信自身的潜能。但是不要忘记谦虚。

激情、快乐、笑容的前方就是成果。

作者：李克 定价：39.80元

作者：高建华 定价：29.80元

作者：吴宏彪 林惠春 定价：29.80元

作者：林惠春 吴宏彪 定价：36.00元

作者：王志军 吴宏彪 定价：36.00元

作者：启航 定价：32.00元

## 团购精品图书推荐

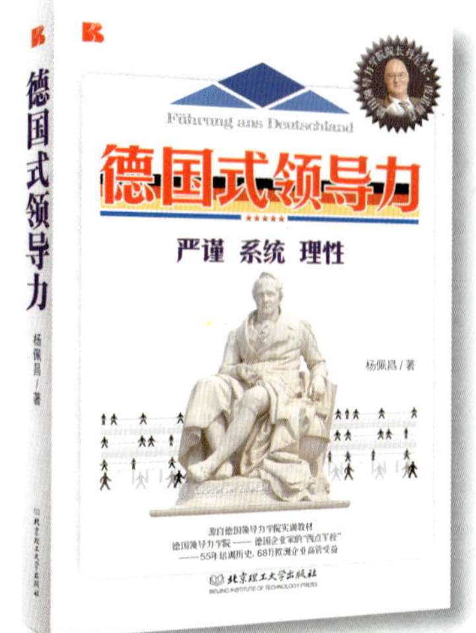


作者：杨佩昌 定价：39.80元

作者：崔 菲 定价：29.80元

作者：崔 菲 定价：32.00元

作者：胡海波 定价：29.80元

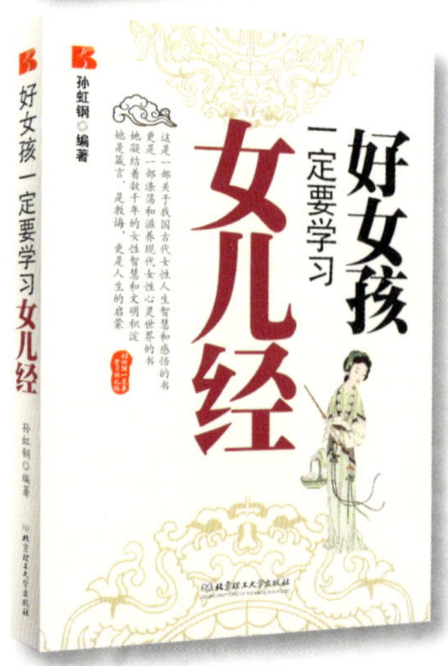


作者：孙虹钢 定价：29.80元

作者：孙虹钢　定价：29.80元

作者：孙虹钢　定价：29.80元

作者：吴宏彪　定价：29.80元

作者：钱林涌　定价：29.80元

作者：项一男　定价：36.00元

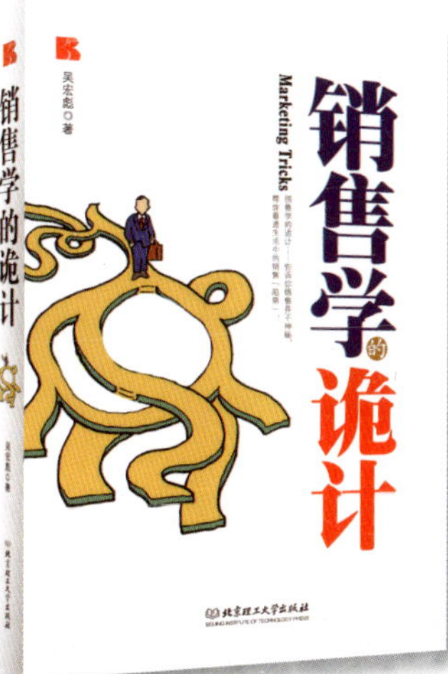

作者：吴宏彪　定价：36.00元